HEJ.

MÜTZEN STRICKEN BABYS & KIDS

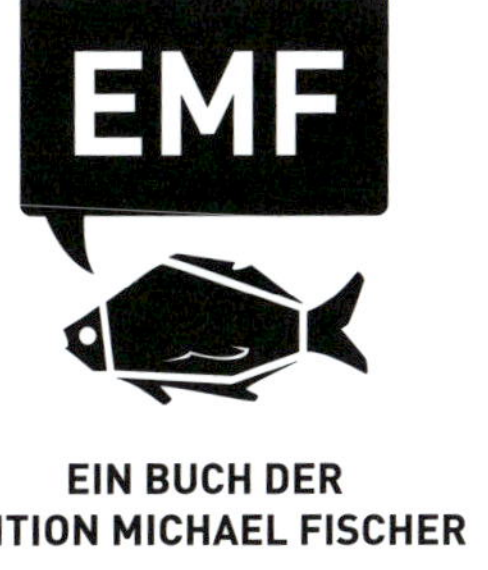

EIN BUCH DER
EDITION MICHAEL FISCHER

Steffi Haberkern

INHALT

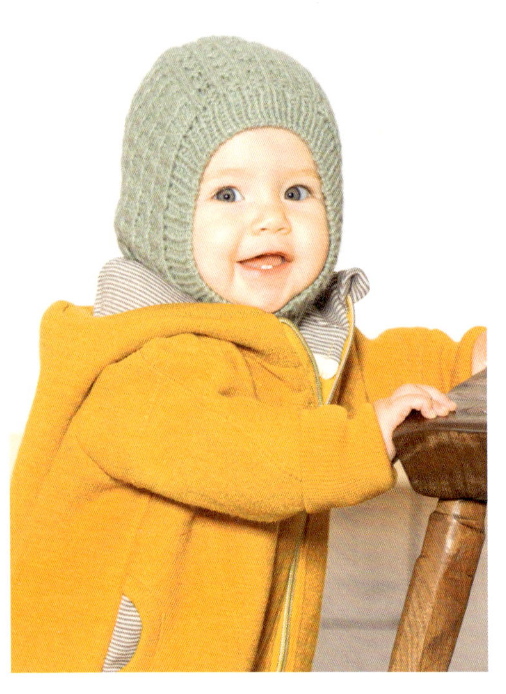

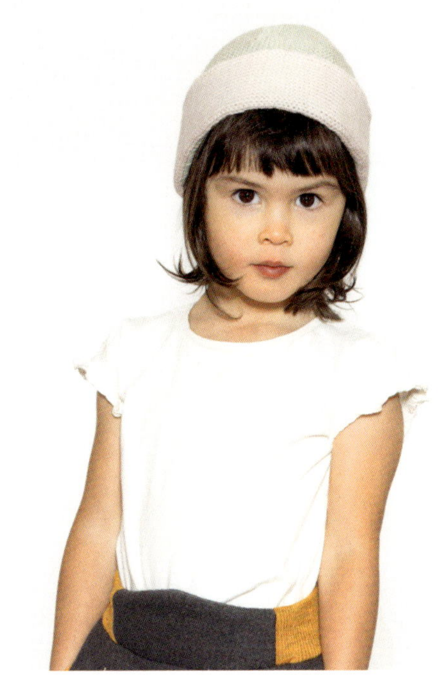

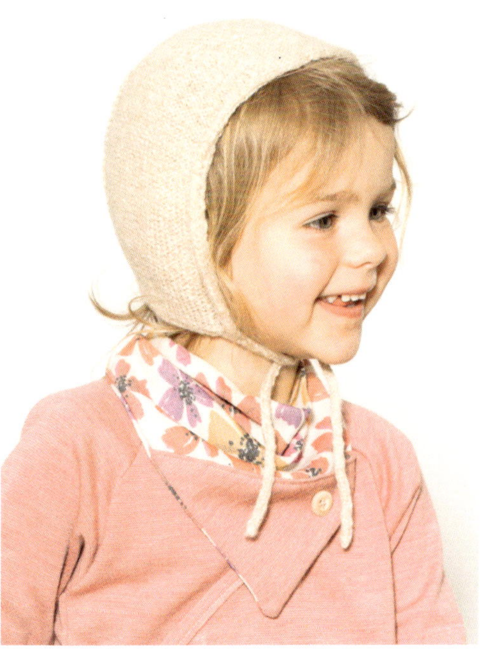

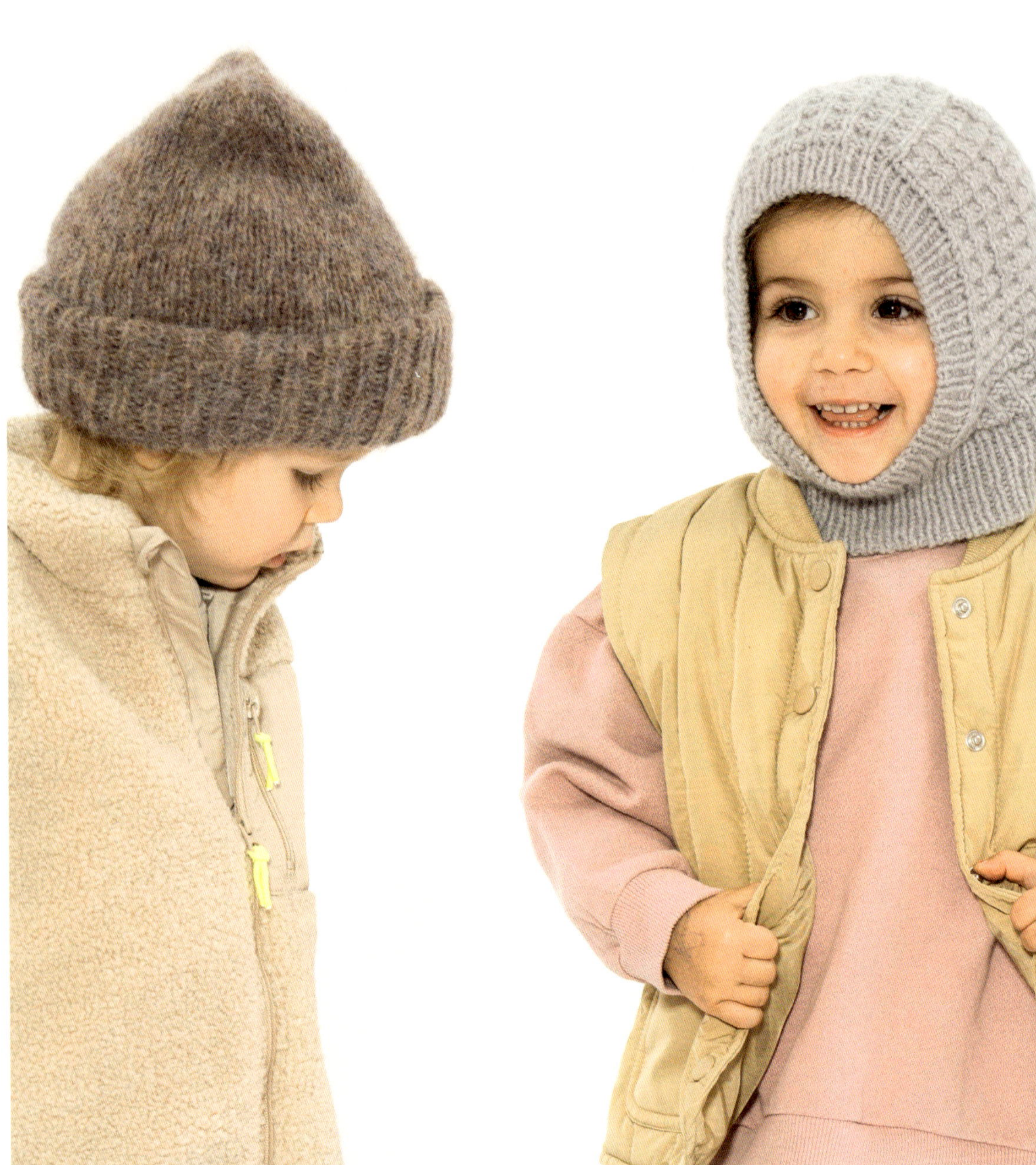

VORWORT

10 Designs, um kleine Köpfe warmzuhalten.
10 abwechslungsreiche Modelle mit verschiedenen Mustern und unterschiedlichen Garnqualitäten.
10 Mützen in fünf Größen – praktisch, kindgerecht und zuckersüß.

In meiner aktuellen Lebensphase als Mama von zwei kleinen Mädchen stehen Baby- und Kinderstrick ebenfalls oben auf meiner Strickliste. Kopfbedeckungen sind für die Kleinsten essentiell und lassen die kleinen Gesichter noch süßer werden. Die Modelle sind aufgrund der kleinen Größe schnell gestrickt. Sie eignen sich gut, um Restgarne zu verwerten, was sie zu Zero-Waste-Projekten werden lässt. Um einfach zu erkennen, ob sich die Reste eines Garns eignen, wird in den Mustern die benötigte Lauflänge in Metern angegeben. Garnalternativen lassen sich aufgrund der angegebenen Nadelstärke finden: 2,25–3,5 = fingering weight, 2,75–3,75 = light weight/sport, 3,75–4,5 = DK/light worsted, 4,5–5,5 = aran/worsted usw.

Ich wollte mit den Mustern und den verschiedenen Arten der Modelle eine größtmögliche Vielfalt in das Buch bringen, sodass für jeden Kopf das richtige dabei ist. Von krausem Fischerpatent über Netzpatent und Vollpatent bis hin zu Waffelmuster oder auch nur glatt rechts ist alles dabei. Im Buch finden sich zweifarbige Modelle, ebenso wie Streifenstrick oder Spitzenmuster umgesetzt in Beanie, Balaclava, Bonnet & Co. Die verwendeten Techniken sind so abwechslungsreich wie die Modelle selbst. Es wird also nie langweilig und vielleicht lernt die/der eine oder andere noch etwas Neues. Die Anleitungen sind mit wertvollen Tipps und Hinweisen versehen und ausführlich beschrieben, sodass sie sich für jedes Strickniveau eignen.

Ich hoffe sehr, mit dem Buch jeder strickbegeisterten Mama, werdenen Mama, Oma, Tante, Schwester oder Freundin, die das passende Geburtstagsgeschenk sucht, eine umfangreiche Auswahl an Kopfbedeckungen an die Hand zu geben. Allenfalls strickt es auch der Papa, was mich sehr freuen würde. Jedes verkaufte Buch bedeutet mir sehr viel und daher würde ich gerne eure Werke sehen. Verlinkt sie gerne auf Instagram mit meinem Label @st.effiestudio oder mit dem Hashtag der jeweiligen Mütze z. B. #momobalaclava, #solabeanie, #arifliegermütze usw.

Viel Spaß beim Nachstricken der Modelle.

STRICK-BASICS
IN ALLER KÜRZE

2 M RECHTS ZUSSTR

Statt in 1 M in 2 M von links nach rechts einstechen und rechts abstr.

2 M RECHTS ÜBERZ

In 1 M wie zum Rechtsstr einstechen, jedoch auf der linken Nd lassen, in folgende M von links nach rechts in hinteres M-Glied einstechen, Faden durchholen und abstr.

2 M RECHTS VERSCHR ZUSSTR

In 2 M von rechts nach links hinten einstechen und verschr zus abstr.

2 M LINKS ZUSSTR

Statt in 1 M in 2 M von rechts nach links einstechen und links abstr.

1 M RECHTS GENEIGT ZUN = 1 RECHTE M RECHTS GENEIGT ZUN

Die linke Nd von hinten nach vorn unter den Querfaden schieben und rechts abstr.

1 M LINKS GENEIGT ZUN = 1 RECHTE M LINKS GENEIGT ZUN

Die linke Nd von vorn nach hinten unter den Querfaden schieben und rechts verschr abstr.

1 LINKE M RECHTS GENEIGT ZUN

Die linke Nd von hinten nach vorn unter den Querfaden schieben und links abstr.

1 LINKE M LINKS GENEIGT ZUN

Die linke Nd von vorn nach hinten unter den Querfaden schieben und links verschr abstr.

DOPPELTE ZUN RECHTS GENEIGT (FISCHERPATENT)

Linke Nd von vorn nach hinten zwischen Querfaden schieben, Arbeitsfaden nach vorn legen, rechte Nd von links nach rechts in hinteres M-Glied einstechen und links verschr abstr, M noch auf der linken Nd lassen, Arbeitsfaden nach hinten legen und rechte Nd von rechts nach links in das hintere M-Glied einstechen und rechts verschr abstr.

DOPPELTE ZUN LINKS GENEIGT (FISCHERPATENT)

Linke Nd von hinten nach vorn zwischen Querfaden schieben, Arbeitsfaden nach hinten legen, rechte Nd von links nach rechts in vorderes M-Glied einstechen und rechts abstr, M noch auf der linken Nd lassen, Arbeitsfaden nach vorn legen und rechte Nd von links nach rechts in das hintere M-Glied einstechen und links verschr abstr.

ZUN (VOLLPATENT)

Patent-M (immer rechte M) rechts str, ohne sie von der linken Nd zu heben, 1 U auf der rechten Nd arb und nochmals die Patent-M rechts str, dann von der linken Nd heben. In folgender R oder Rd wird der U ins Patentmuster eingefügt und als rechte M gestrickt.

DOPPELTE ABN RECHTS GENEIGT (FISCHERPATENT & VOLLPATENT)

2 M (Patent-M und nachfolgende M) rechts zusstr, diese gebildete M zurück auf die linke Nd heben und nachfolgende Patent-M auf der linken Nd über die gebildete M ziehen und M auf die rechte Nd heben.

DOPPELTE ABN LINKS GENEIGT (FISCHERPATENT & VOLLPATENT)

Patent-M abh, 2 M rechts zusstr, abgehobene Patent-M über die zus gestrickte M überz.

QUERFADEN

Faden zwischen der zuletzt gestr M und der folgenden M.

RECHTS VERSCHR M

Von rechts nach links in die Masche einstechen, den Faden holen und abstr.

LINKS VERSCHR M

Mit dem Faden vor der Arbeit von links nach rechts unter dem hinteren M-Schenkel einstechen, den Faden holen und abstr.

ABKÜRZUNGEN

abh = abheben
abk = abketten
abn/Abn = abnehmen/Abnahme(n)
anschl = anschlagen
Fb = Farbe
Km = Kettmasche(n)
LL = Lauflänge
M = Masche(n)
MM = Maschenmarkierer
Nd = Nadel
R = Reihe(n)
Rd = Runde(n)
str = stricken
U = Umschlag/Umschläge
überz = überziehen
verschr = verschränkt
wdh = wiederholen
zun/Zun = zunehmen/Zunahme(n)
zus = zusammen

SCHWIERIGKEITSGRADE

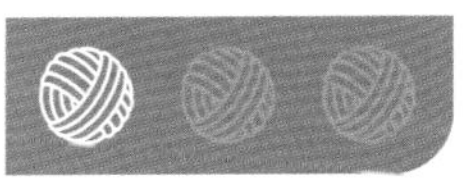

Schaffst du locker!

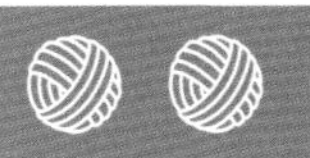

Nimm dir ein bisschen Zeit!

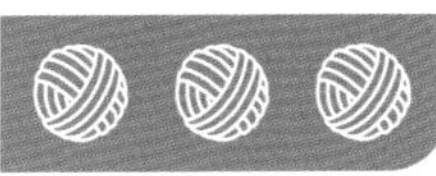

Mit etwas Geduld bekommst du ein wunderbares Ergebnis.

STRICKTECHNIKEN

ITALIENISCHER MASCHENANSCHLAG

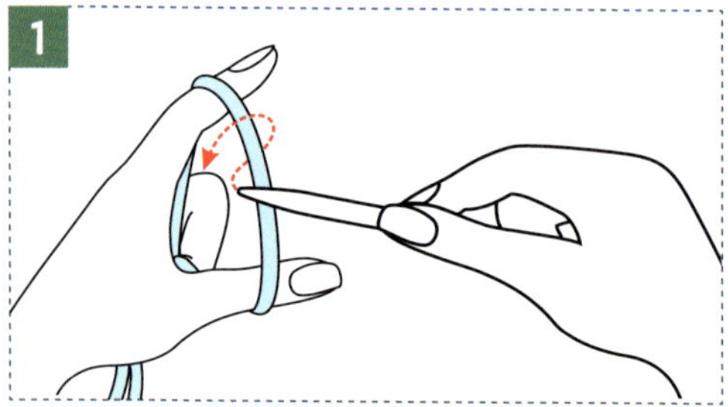

Nimm die Nadel in deine rechte Hand und lege ein Ende des Garns über deinen Daumen und das andere über deinen Zeigefinger. Spreize die Finger. Bilde eine Anfangsschlinge. Lass das Fadenende dabei ca. 3–4x so lang wie die geplante Anschlagkante.

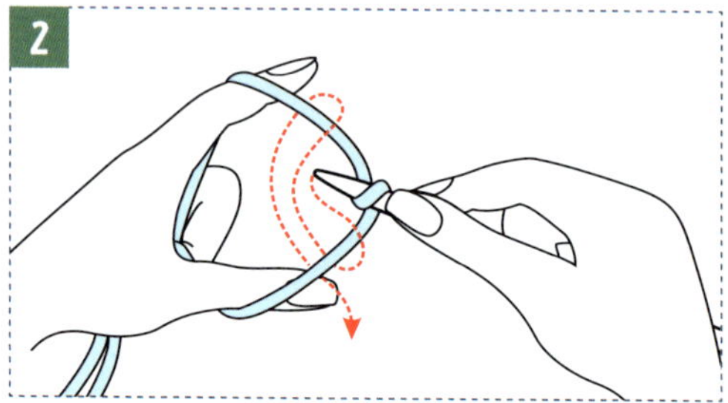

Die Nadel unter dem Daumenfaden hindurchführen, den Zeigefingerfaden durchholen und als Schlinge auf die Nadel legen.

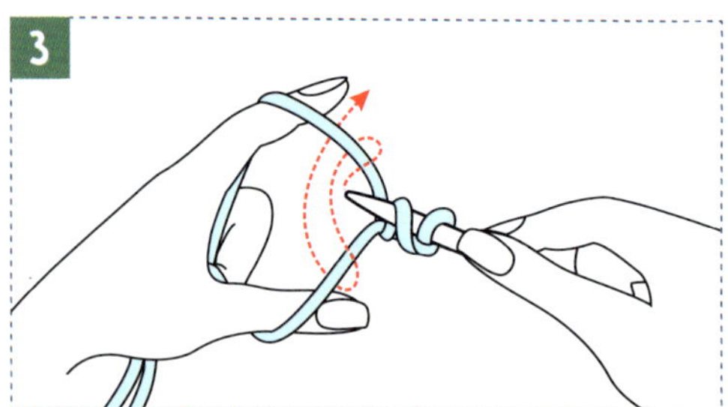

Für die nächste Schlinge die Nadel über den Zeigefingerfaden führen, den Daumenfaden nach oben holen und auf die Nadel legen.

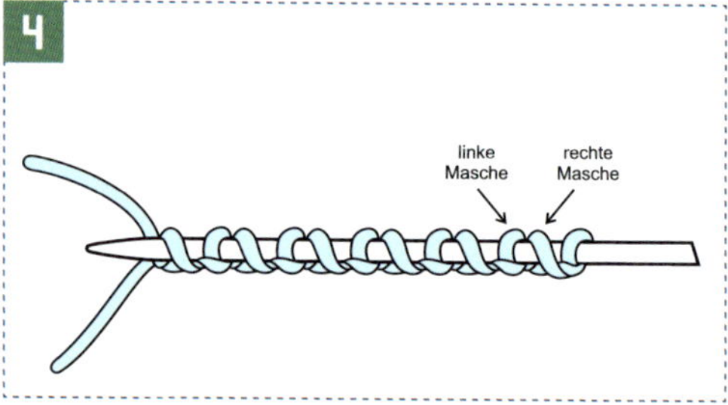

Wiederhole diese beiden Schritte, bis die erforderliche Anzahl an Maschen angeschlagen wurde. Sollen nachfolgend noch Vorbereitungsreihen gestrickt werden, steht dies in der jeweiligen Anleitung.

Wichtig: Die Anfangsschlinge bildet die erste Masche der Anschlagsreihe. Bei den linken Maschen siehst du einen Querfaden, bei den rechten Maschen nicht.

AUFGESTRICKTER MASCHENANSCHLAG

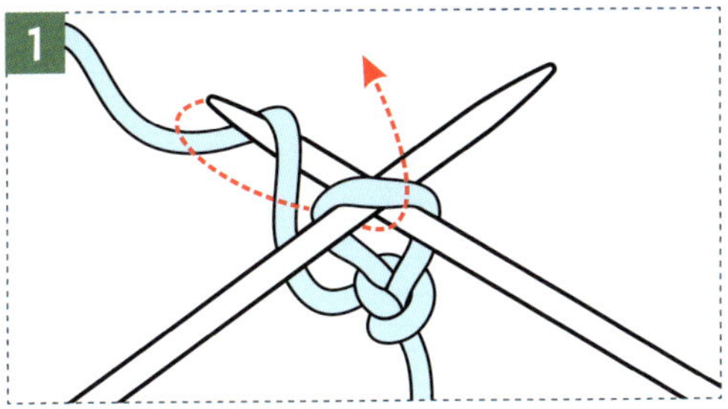

Die Anfangsschlinge bzw. die erste Masche der Reihe rechts stricken, aber auf der linken Nadel lassen.

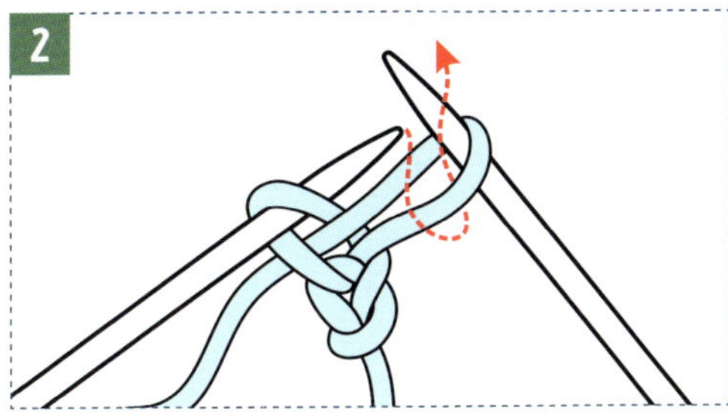

Die Schlaufe auf der rechten Nadel leicht im Uhrzeigersinn drehen …

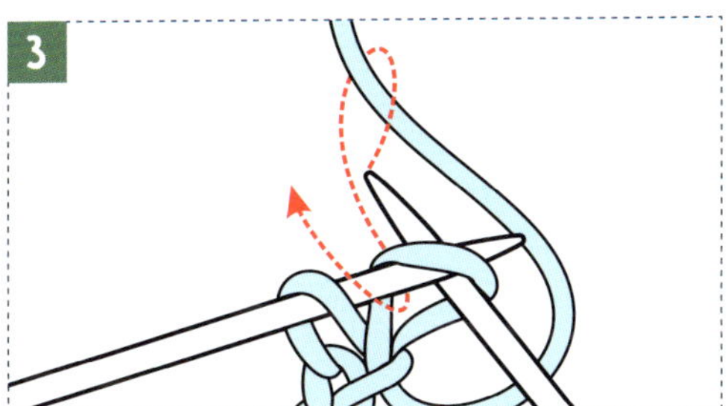

… und auf die linke Nadel heben.
Diesen Vorgang fortlaufend wiederholen, bis die erforderliche Anzahl an Maschen aufgestrickt wurde.

PROVISORISCHER MASCHENANSCHLAG

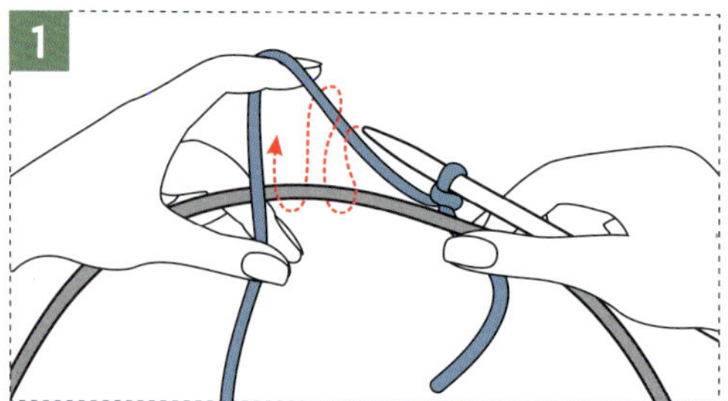

Bilde zunächst eine Anfangsschlaufe. Der Arbeitsfaden liegt über dem Zeigefinger der linken Hand. Führe die Nadel von vorn nach hinten unter dem Restfaden durch und hole den Faden.

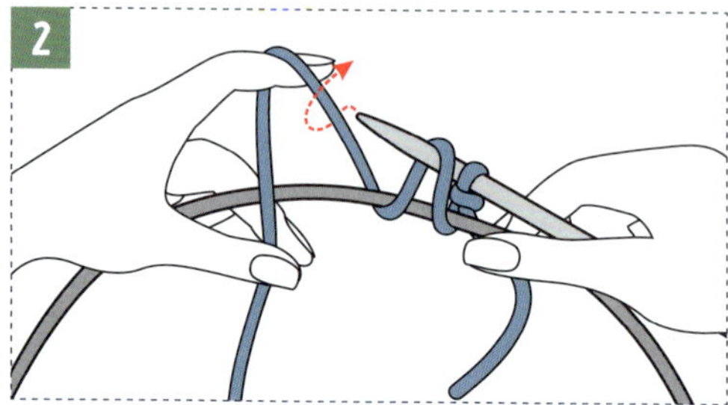

Führe die Nadel dann hinter den Arbeitsfaden und dann nach vor und bilde so eine weitere Schlaufe.

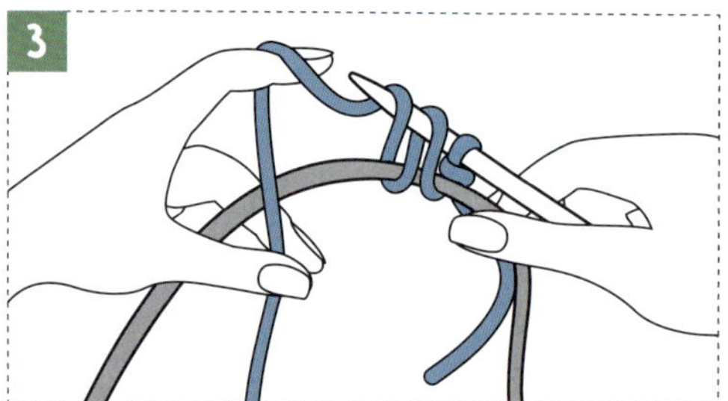

Auf dem Stück Restfaden liegen nun die Anfangsschlinge und zwei provisorisch angeschlagene Maschen.

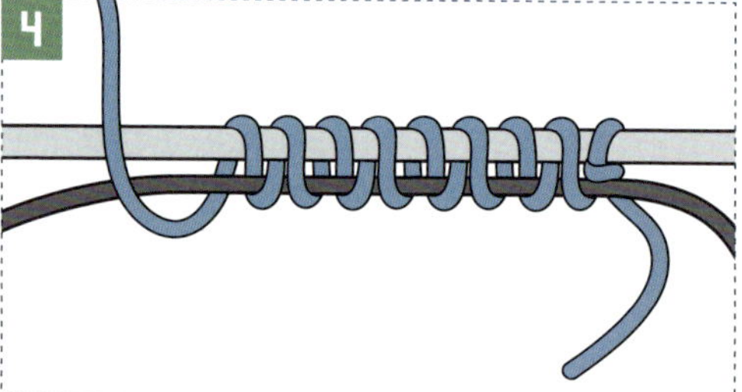

Wiederhole die beiden Schritte, bis die erforderliche Anzahl an Maschen angeschlagen wurde. Die Anfangsschlaufe am Reihenende kann dann einfach aufgelöst werden.

SCHLINGANSCHLAG

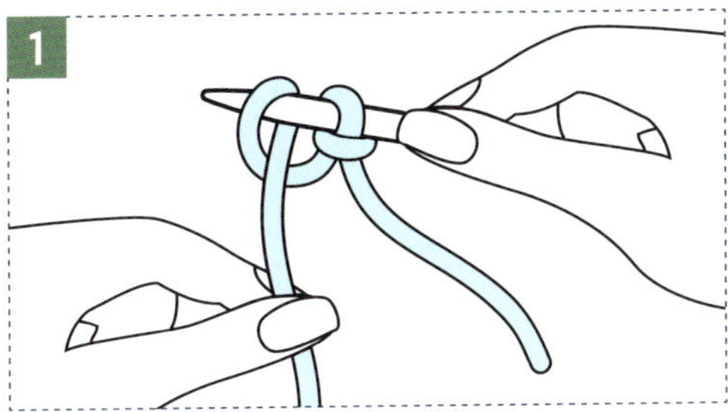

Bilde zunächst eine Anfangsschlinge. Bilde dann eine Schlaufe und lege sie auf die Nadel.

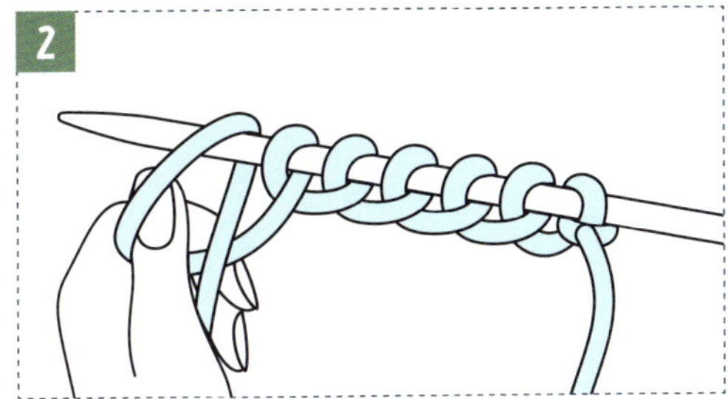

Schlinge so viele Schlaufen auf, bis die erforderliche Anzahl an Maschen auf der Nadel liegen.

MASCHENSTICH AN OFFENEN KANTEN

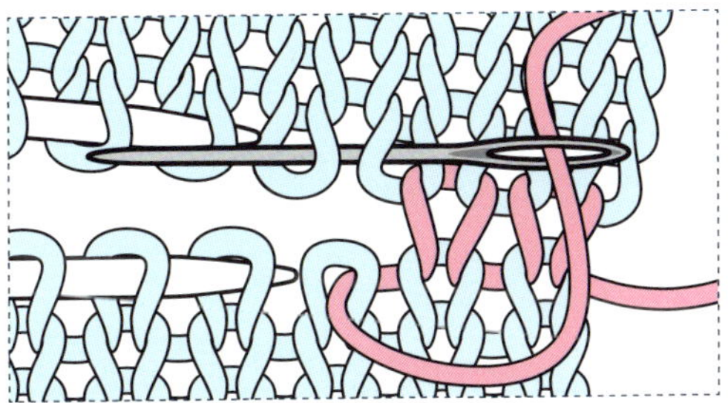

Der Maschenstich wird von rechts nach links gearbeitet. Führe die Nadel von hinten nach vorn durch die erste untere Masche und dann von vorn unter den beiden Maschenschenkeln der oberen Masche hindurch. Wiederhole dies bis zum linken Rand.

JUDYS MAGISCHER MASCHENANSCHLAG

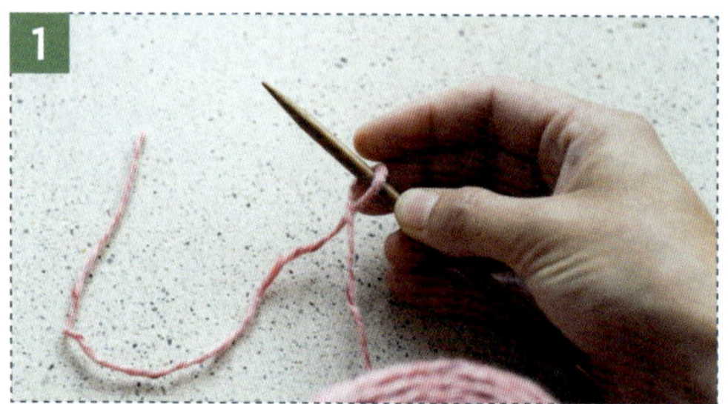

Wickle das Garnende einmal um eine Nadel des Nadelspiels. Das Garnende liegt jetzt hinter der Nadel, der Arbeitsfaden aus dem Knäuel vorn.

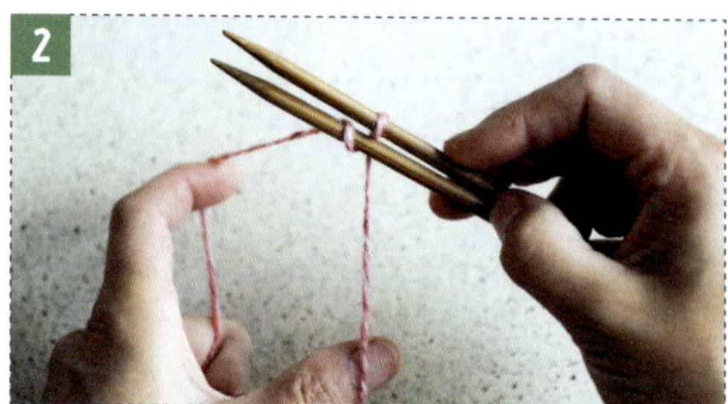

Halte die zwei Nadeln des Nadelspiels so, dass sie übereinanderliegen und die beiden Fadenenden zwischen Daumen und Zeigefinger. Führe den oberen Faden nun von hinten unter die untere Nadel, um die Nadel nach vorn und dann zwischen die beiden Nadeln. Auf der unteren Nadel bildet sich so eine Schlaufe. Du hast eine Masche angeschlagen auf der unteren Nadel.

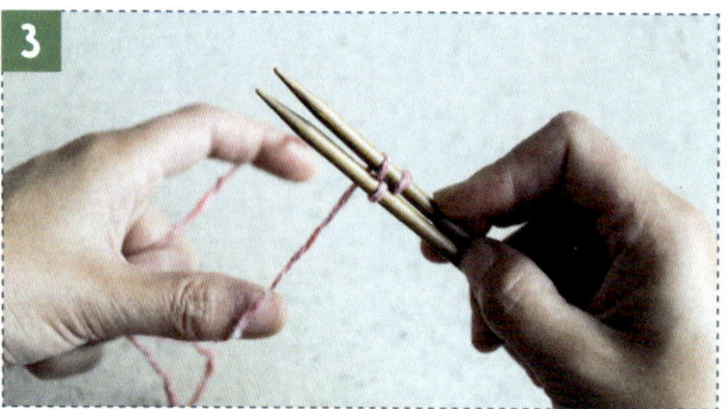

Führe den unteren Faden von hinten zwischen die beiden Nadeln und über die obere Nadel nach oben um die Nadel. Auf der oberen Nadel bildet sich so eine Schlaufe. Du hast eine Masche angeschlagen auf der oberen Nadel. Ziehe die Maschen jeweils fest an.

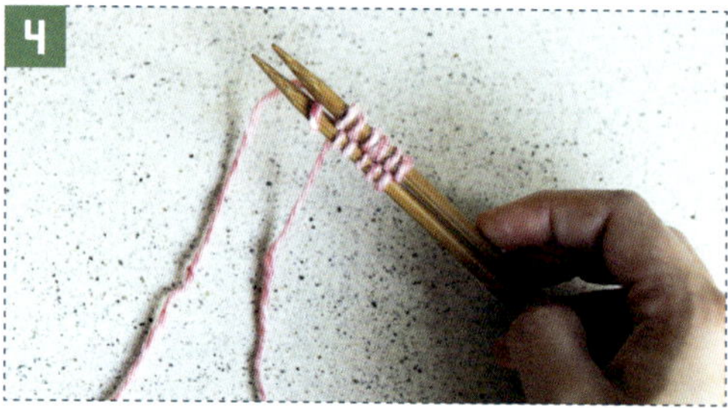

Hast du die erforderliche Anzahl an Maschen angeschlagen, lege das Garnende nach vorn und kreuze den Arbeitsfaden.

ITALIENISCHES ABKETTEN

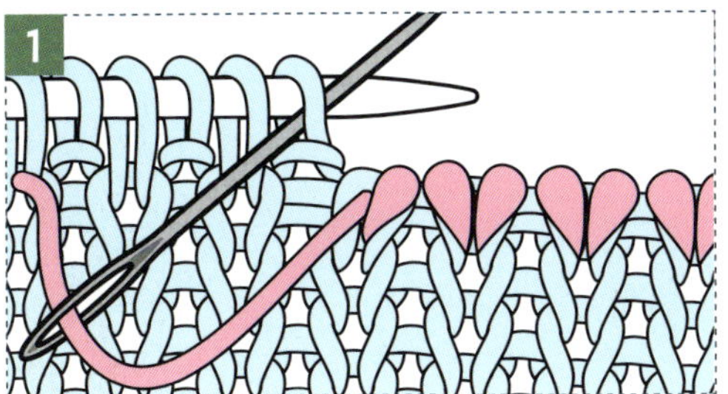

Das Fadenende sollte 3–4x so lang sein wie die Abkettkante. Stich mit einer Wollnadel von links nach rechts durch die linke Masche.

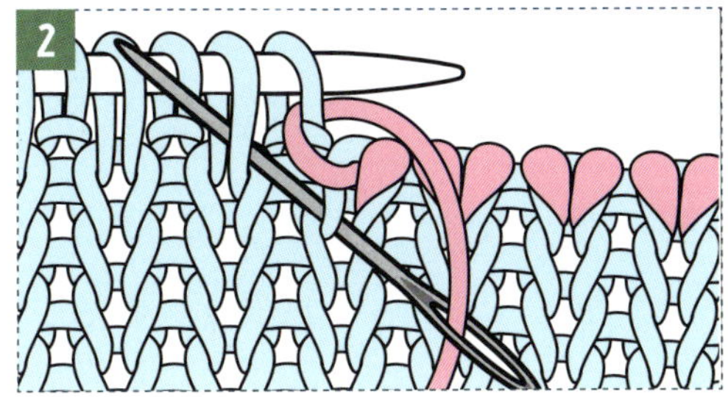

Ziehe dann den Faden von rechts nach links erst durch die vorherige rechte Masche und dann durch die zweite Masche auf der Nadel (ebenfalls eine rechte Masche).

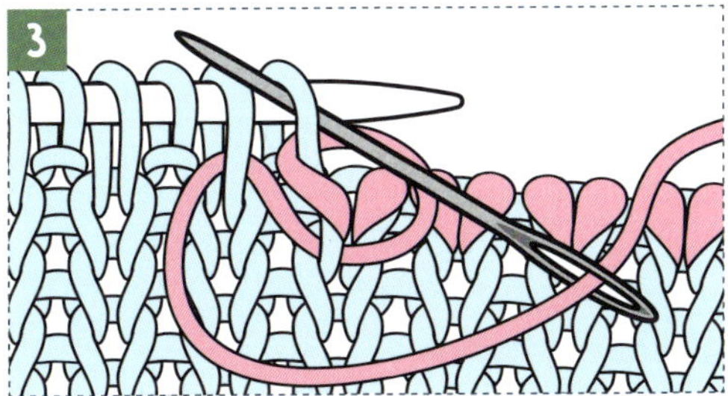

Ziehe den Faden noch einmal durch die erste linke Masche, diesmal aber von rechts nach links. Lass die beiden bearbeiteten Maschen von der linken Nadel gleiten und wiederhole den Vorgang.

ABKETTEN MIT DER 3-NADEL-TECHNIK

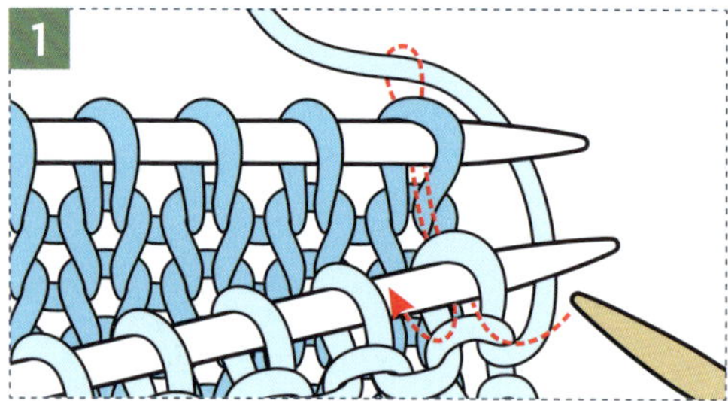

Stich mit der dritten Nadel zusammen in die jeweils erste Masche auf den beiden Nadeln wie zum Rechtsstricken ein.

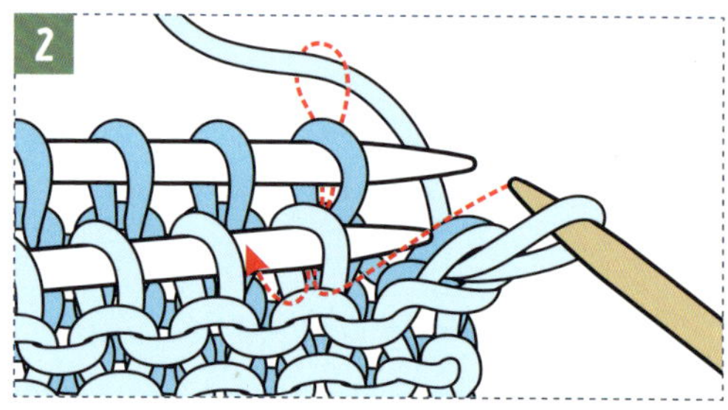

Ziehe den Arbeitsfaden durch beide Maschen duch und lasse sie anschließend von der Nadel gleiten.

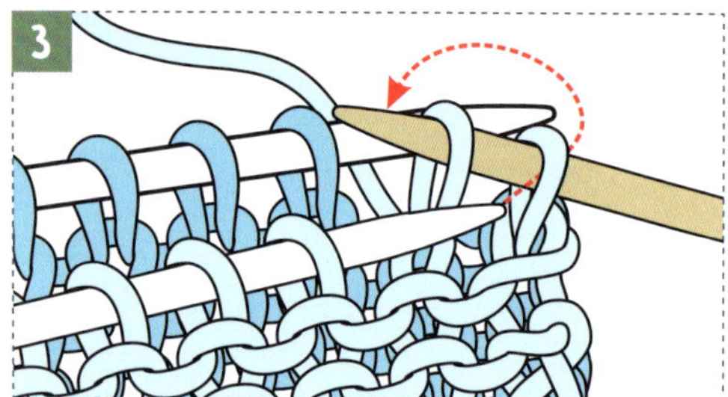

Wiederhole diesen Vorgang mit den nächsten beiden Maschen. Es befinden sich nun zwei Maschen auf der dritten Nadel. Ziehe die erste Masche über die zuletzt gestrickte und lass diese von der Nadel gleiten. Fahre auf diese Weise bis zum Reihenende fort.

VERKÜRZTE REIHEN

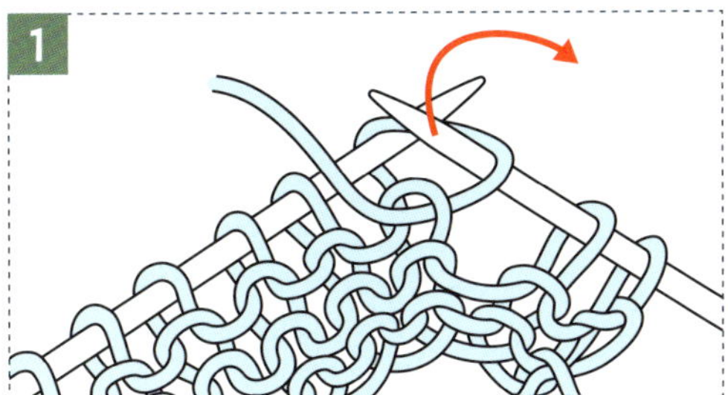

Nach der Wendung wird die erste Masche mit dem Faden vor der Arbeit wie zum Linksstricken abgehoben.

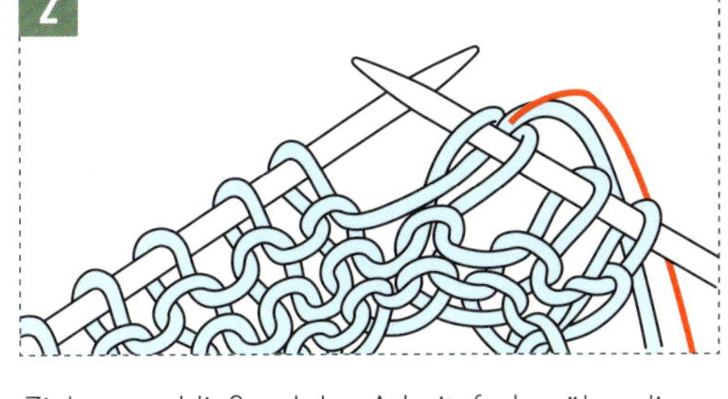

Ziehe anschließend den Arbeitsfaden über die eben abgehobene Masche nach oben und hinten um die rechte Nadel herum, sodass beide Maschenschenkel sichtbar werden.

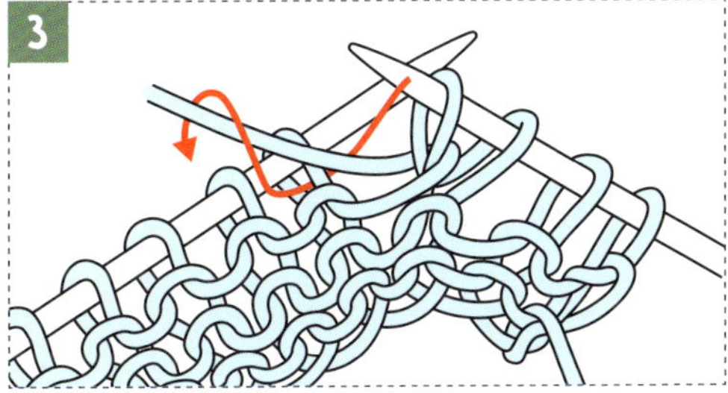

Stricke ganz normal die Reihe weiter.

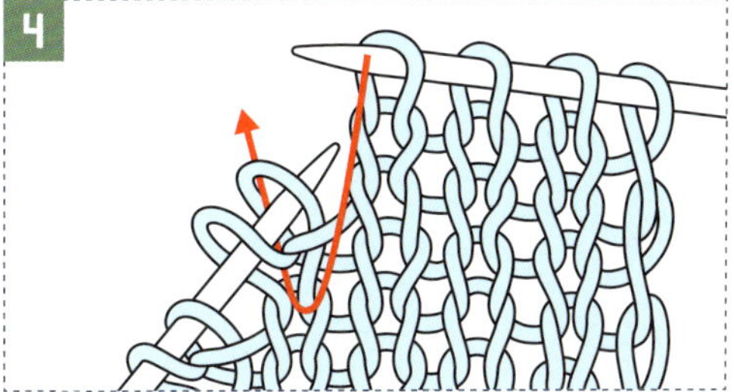

Gelangst du dann später wieder zu dieser Doppelmasche, stricke sie ganz normal wie eine Masche ab. Achte darauf, dass du beide Schenkel erfasst.

MOMO

BALACLAVA

MATERIAL

- Lamana, Como Grande (100 % Schurwolle, LL 120 m/50 g), 90 (100) 120 (145) 160 m
- Rundstricknadel 5,0 mm, 40, 60 oder 80 cm lang
- Rundstricknadel 3,5 mm, 40 cm lang
- Wollnadel
- Maschenmarkierer

GRÖßEN

1 (2) 3 (4) 5

Dies entspricht einem Kopfumfang von 35–38 (38–42) 42–46 (46–49) 49–52 cm in den Alterskategorien 0–3 Monate (3–6 Monate) 6–12 Monate (1–2 Jahre) 2–4 Jahre.

GRUNDMUSTER

Waffelmuster in Reihen:

1. R (Hin-R): RM, *1 M rechts, 2 M links*; von * bis * wdh bis 1 M vor R-Ende, RM.

2. R (Rück-R): RM, alle M str, wie sie erscheinen bis 1 M vor R-Ende, RM.

3. R (Hin-R): RM, alle M rechts str bis 1 M vor R-Ende, RM.

4. R (Rück-R): RM, alle M links str bis 1 M vor R-Ende, RM.

1 x 1 Rippenmuster in Runden:

1. Rd: *1 M links, 1 M rechts*; von * bis * fortlaufend wdh.

2. Rd: Alle M str, wie sie erscheinen.

RM werden in Hin- und Rück-R immer rechts gestrickt (Knötchenrand).

MASCHENPROBE

Mit Nd 5,0 mm im Waffelmuster 19 M und 30 R = 10 x 10 cm (nach dem Waschen und Spannen).

STRICKWEISE

Die Balaclava wird von oben nach unten nahtlos gestrickt.

Zuerst wird das Viereck am Kopf in Reihen gearbeitet.

Anschließend werden an den Seiten zusätzliche Maschen aufgenommen, und ebenfalls in Reihen wird die Kopfform gestrickt, bevor die Kinnpartie mit Zunahmen geformt wird und zur Runde fürs Bündchen geschlossen wird.

Die Gesichtsöffnung wird anschließend ebenfalls mit einem Rippenbündchen umrandet.

Alle Kanten werden italienisch abgekettet.

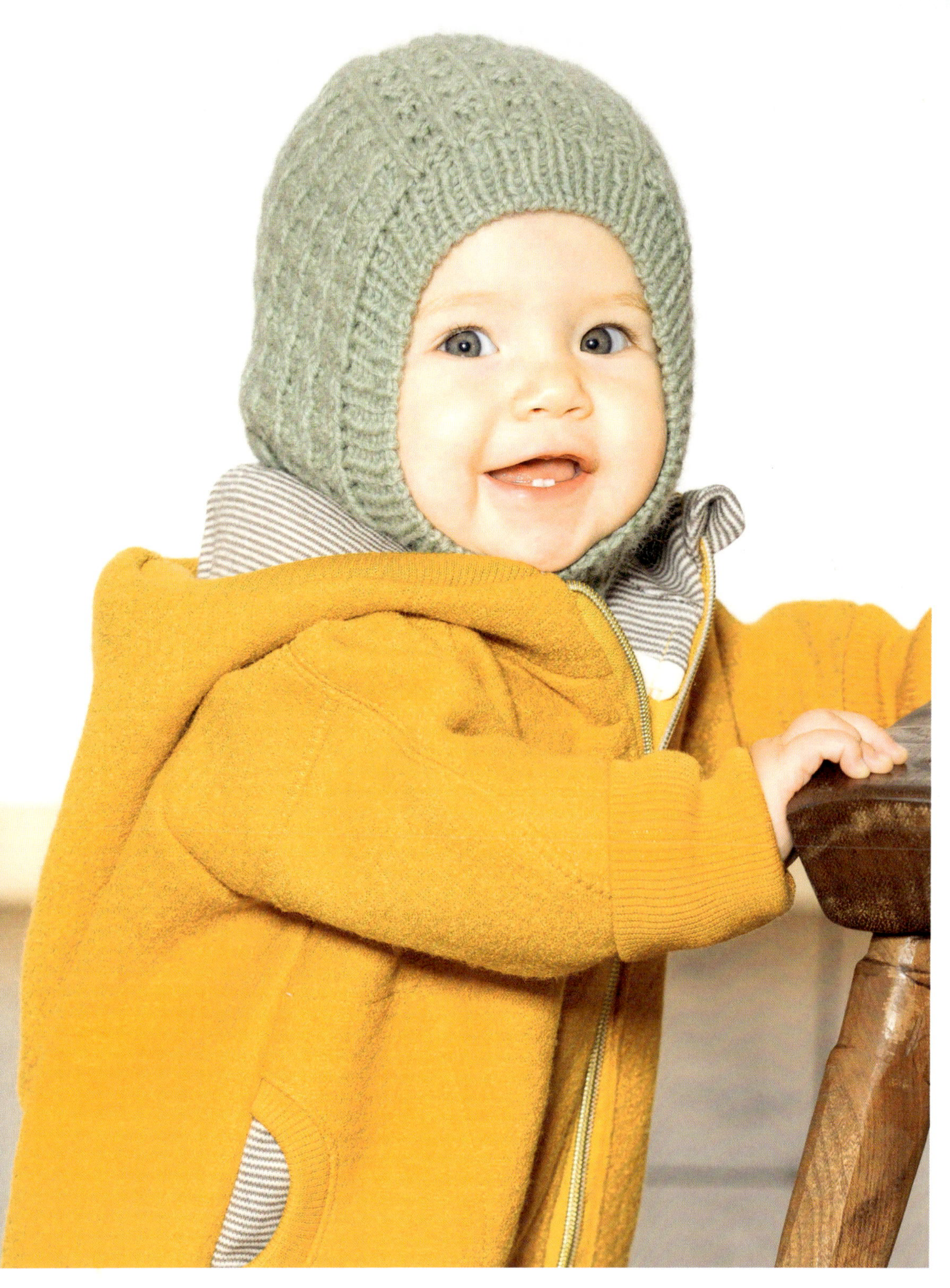

ANLEITUNG

Mit Nd 5,0 mm 12 (15) 18 (21) 24 M anschl. Im Waffelmuster in R str, bis die Arbeit 7,5 (8,5) 8,5 (10) 10 cm misst. Mit einer 2. R enden und das Garn trennen.

Entlang der rechten Seitenkante 18 (21) 21 (24) 24 M gleichmäßig verteilt aufnehmen (dies entspricht 4 M pro 5 R), über die M der bestehenden Arbeit rechte M str, entlang der linken Seitenkante nochmals 18 (21) 21 (24) 24 M gleichmässig verteilt aufnehmen. Es befinden sich damit 48 (57) 60 (69) 72 M auf der Nd.

Es folgt eine 4. R des Waffelmusters: RM, alle M links str bis 1 M vor R-Ende, RM.

Nun wird in R im Waffelmuster (1.–4. R) gearbeitet, bis die Arbeit 11,5 (12,5) 14 (15) 16 cm misst. Mit einer 4. R enden.

Nachfolgend werden zur Formung der Kinnpartie M gemäss dem Waffelmuster zugenommen. Je 1 MM nach 5 M auf beiden Seiten setzen.

1. R (Hin-R): RM, im Waffelmuster bis MM, MM abh, 1 M links geneigt zun, im Waffelmuster bis MM, 1 M rechts geneigt zun, MM abh, im Waffelmuster bis R-Ende, RM.

2. R (Rück-R): RM, im Waffelmuster bis MM, MM abh, 1 M rechts geneigt zun, im Waffelmuster bis MM, 1 M links geneigt zun, MM abh, im Waffelmuster bis R-Ende, RM.

3. R (Hin-R): RM, im Waffelmuster bis MM, MM abh, 1 M links geneigt zun, im Waffelmuster bis MM,1 M rechts geneigt zun, MM abh, im Waffelmuster bis R-Ende, RM.

4. R (Rück-R): RM, im Waffelmuster bis MM, MM abh, 1 linke M rechts geneigt zun, im Waffelmuster bis MM, 1 linke M links geneigt zun, MM abh, im Waffelmuster bis R-Ende, RM.

5. R (Hin-R): RM, im Waffelmuster bis MM, MM abh, 1 linke M links geneigt zun, im Waffelmuster bis MM, 1 linke M rechts geneigt zun, MM abh, im Waffelmuster bis R-Ende, RM.

6. R (Rück-R): Wie die 2. R str.

Für die Grössen 1–2 werden nur die 1.–3. R gearbeitet.

Für die Grössen 3–5 die 1.–6. R und nochmals die 3. R im Waffelmuster (d.h. ohne Zun).

Es befinden sich nun 54 (63) 72 (81) 84 M auf der Nd.

Zur Nd 3,5 mm wechseln. In der Verlängerung auf 1 Nd 3,5 mm 9 (11) 11 (13) 15 M anschl und zur Rd schliessen.

Die folgende R für Grössen 1, 3 und 5 wie folgt str:

20 (–) 29 (–) 35 M rechts,
2 M rechts zusstr, 4 M rechts,
2 M rechts zusstr, 4 M rechts,
2 M rechts zusstr, 20 (–) 29 (–) 35 M rechts, MM setzen (über die neu angeschlagenen M wurde nun noch nicht gestrickt).

Die folgende R für die Größen 2 und 4 wie folgt str:

– (23) – (32) – M rechts,
2 M rechts zusstr, 4 M rechts,
2 M rechts zusstr, 1 M rechts,
2 M rechts zusstr, 4 M rechts,
2 M rechts zusstr, – (23) – (32) – M rechts, MM setzen (über die neu angeschlagenen M wurde nun noch nicht gestrickt).

HALSBÜNDCHEN

Über die insgesamt 60 (70) 80 (90) 96 M das Bündchen im 1 x 1 Rippenmuster in Rd arb, bis die Arbeit 5 (5) 6 (6) 6 cm misst. Alle M italienisch abk (siehe Seite 13).

GESICHTSUMRANDUNG

Rund um die Gesichtsöffnung werden 52 (56) 74 (76) 86 M mit Nd 3,5 mm aufgenommen (dies entspricht 3 M pro 4 R). Mit der Aufnahme auf der rechten Seite am Kinn unten beginnen. Zur Rd schließen und im 1 x 1 Rippenmuster über die M arb, bis das Bündchen 2 (2) 3 (3) 3 cm misst. Alle M fest italienisch abk, damit sich die Kante schön um die Gesichtsöffnung legt.

Alle losen Fäden vernähen und die Balaclava für eine optimale Passform und ein ebenmäßiges M-Bild waschen und spannen.

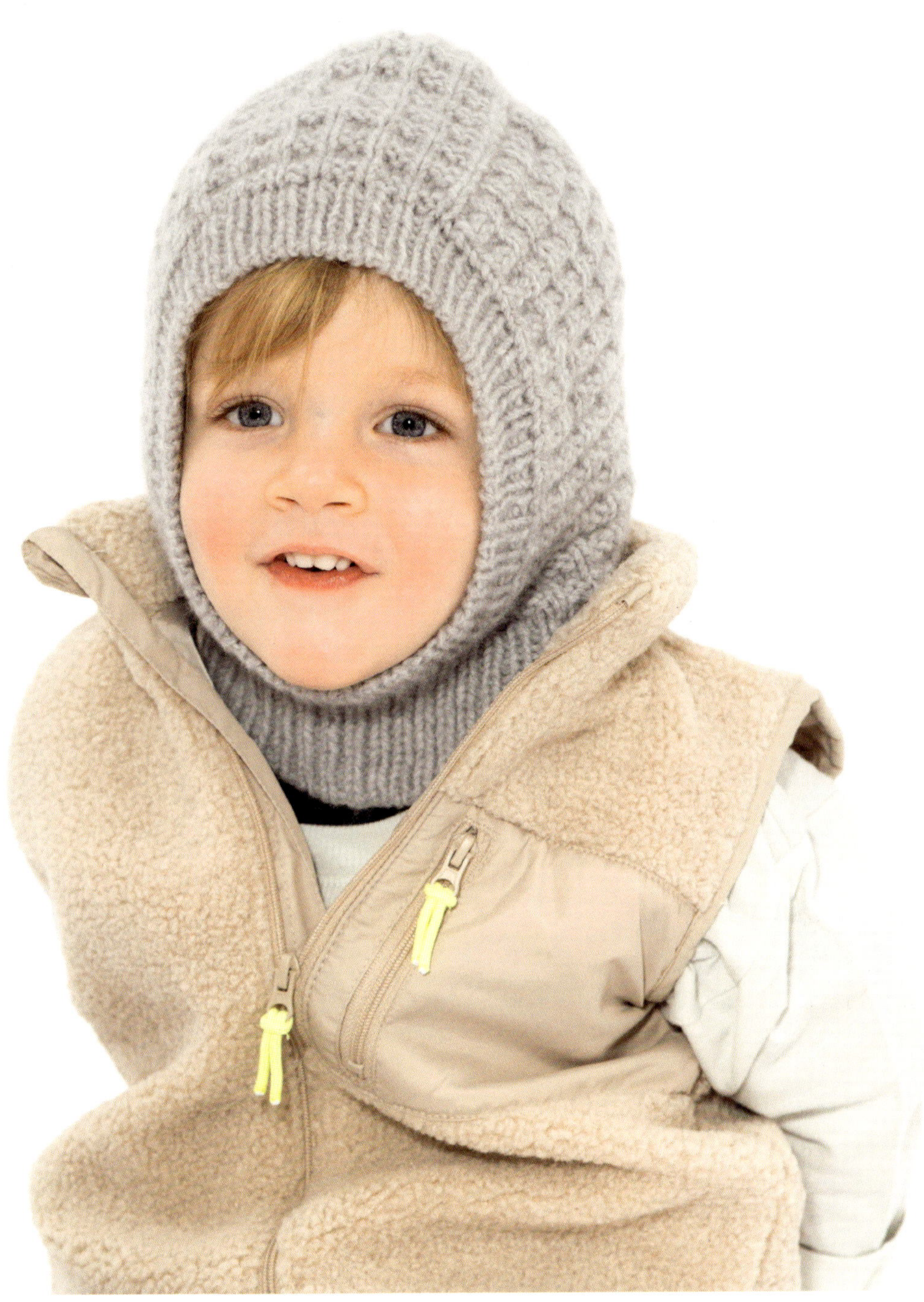

SOLA

Beanie

MATERIAL

- Sandnes, Borstet Alpakka (96 % gebürstetes Alpaka, 4 % Nylon, LL 110 m/50 g), 70 (75) 80 (90) 95 m
- Rundstricknadel 5,5 mm, 40 oder 60 cm lang
- Nadelspiel 5,5 mm (es kann stattdessen auch mit Magic Loop gearbeitet werden)
- Wollnadel
- Maschenmarkierer

GRÖßEN

1 (2) 3 (4) 5

Dies entspricht einem Kopfumfang von 35–38 (38–42) 42–46 (46–49) 49–52 cm in den Alterskategorien 0–3 Monate (3–6 Monate) 6–12 Monate (1–2 Jahre) 2–4 Jahre.

Die Mütze wurde mit einer negativen Passform von ca. 4–6 cm entworfen.

GRUNDMUSTER

1 x 1 Rippenmuster in Runden:

1. Rd: *1 M rechts, 1 M links*; von * bis * fortlaufend wdh.

2. Rd: Alle M str, wie sie erscheinen.

Glatt rechts in Runden:

Alle M werden als rechte M gearbeitet.

MASCHENPROBE

Mit Nd 5,5 mm glatt rechts 15 M und 21 R = 10 x 10 cm (nach dem Waschen und Spannen).

STRICKWEISE

Die Mütze wird von unten nach oben nahtlos gestrickt.

Die angeschlagenen M werden zur Rd geschlossen und zuerst im 1 x 1 Rippenmuster für den Umschlag gearbeitet und anschließend glatt rechts für die Mützenspitze weitergeführt. Die Mützenspitze wird durch Abnahmen geformt und am Ende werden die restlichen M mit dem Maschenstich abgekettet.

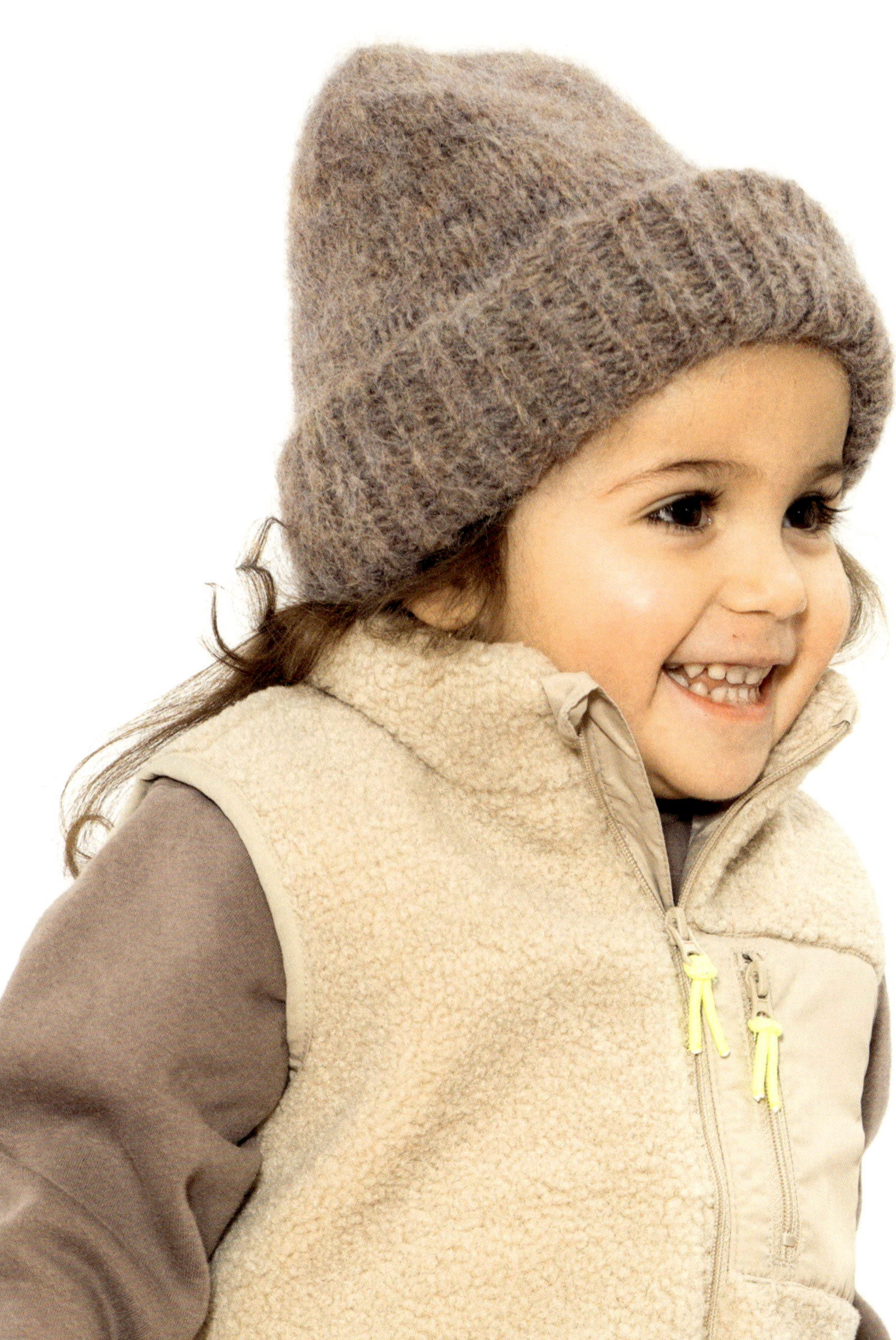

ANLEITUNG

Mit Nd 5,5 mm 48 (52) 56 (64) 68 M anschl.

Zur Rd schließen und für den Rd-Beginn MM setzen. Im 1 x 1 Rippenmuster str, bis die Arbeit 11,5 (12,5) 14 (15) 16 cm misst.

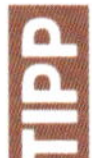

Flach liegend misst die Mütze ca. 15 (16,5) 17,5 (20) 21,5 cm in der Breite (= halber Durchmesser).

Nun wird die Arbeit gewendet und auf der linken Seite weitergestrickt. Die Wendung erfolgt am besten wie beim Wenden von verkürzten Reihen (siehe Seite 15). Um nicht auf der Innenseite weiterarb zu müssen, kann das Gestrickte durchgeholt werden, sodass die linke Seite fortan die Außenseite bildet.

Es wird glatt rechts in Rd weitergearbeitet, bis die Arbeit insgesamt 20,5 (22) 24,5 (26,5) 28 cm – oder der glatt rechts gestrickte Teil 9 (9,5) 10,5 (11,5) 12 cm – misst.

Es folgen Abn für die Formung der Mützenspitze. Dazu wird nach jeweils 12 (13) 14 (16) 17 M immer 1 MM gesetzt. Es sind insgesamt 4 MM in der gesamten Rd, wobei der letzte MM ebenfalls den Rd-Beginn markiert.

1. Rd: *1 M rechts, 2 M rechts zusstr, bis 2 M vor MM rechte M str, 2 M rechts verschr zusstr, MM abh*; von * bis * fortlaufend wdh.

2.–3. Rd: Alle M rechts str.

Die 1.–3. Rd insgesamt 2 (2) 2 (3) 3x str. Es befinden sich noch 24 (28) 32 (32) 36 M auf der Nd.

In den nachfolgenden Rd wird in jeder Rd abgenommen:

Abn-Rd: *1 M rechts, 2 M rechts zusstr, bis 2 M vor MM rechte M str, 2 M rechts verschr zusstr, MM abh*; von * bis * fortlaufend wdh.
Diese Rd noch 1 (1) 2 (2) 2x wdh. Es befinden sich nun noch 8 (12) 8 (8) 12 M auf der Nd.

Nachfolgend wird die M-Anzahl halbiert, indem in der gesamten Rd stets 2 M rechts zus gestrickt werden. Es sind noch 4 (6) 4 (4) 6 M auf der Nd.

Die restlichen M werden auf 2 Nd der gleichen Stärke aufgeteilt und mit dem Maschenstich abgekettet (siehe Seite 11).

Alle losen Fäden vernähen und die Beanie für eine optimale Passform und ein ebenmäßiges M-Bild waschen und spannen.

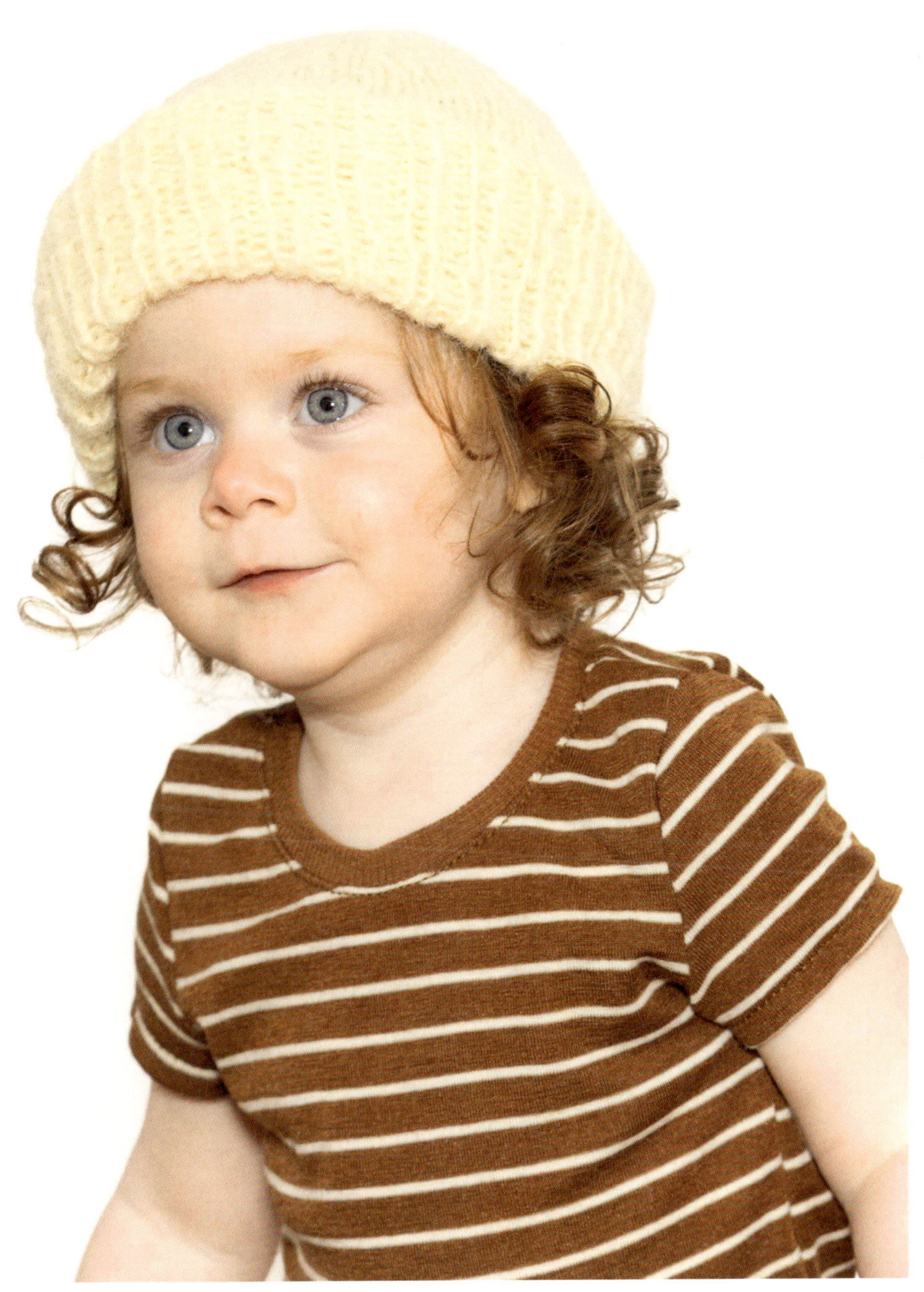

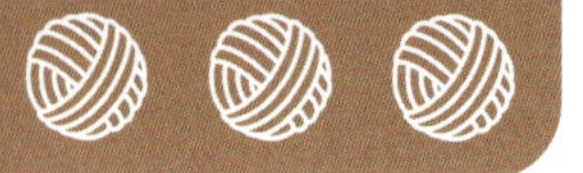

ARI

Fliegermütze

MATERIAL

- Sandnes, Double Sunday (100 % Merinowolle, LL 108 m/50 g), 90 (110) 125 (145) 160 m
- Rundstricknadel 4,0 mm, 40 oder 60 cm lang
- Nadelspiel 4,0 mm (es kann stattdessen auch mit Magic Loop gearbeitet werden)
- Rundstricknadel 3,5 mm, 120 cm lang
- Häkelnadel 3,0 mm
- Wollnadel
- Maschenmarkierer

GRÖẞEN

1 (2) 3 (4) 5

Dies entspricht einem Kopfumfang von 35–38 (38–42) 42–46 (46–49) 49–52 cm in den Alterskategorien 0–3 Monate (3–6 Monate) 6–12 Monate (1–2 Jahre) 2–4 Jahre.

GRUNDMUSTER

Krauses Fischerpatent in Reihen:

1. R (Rück-R): RM, *1 M mit 1 U wie zum Linksstr abh, 1 M links*; von * bis * wdh bis 1 M vor R-Ende, RM.

2. R (Hin-R): RM, *1 M mit U der Vor-R links zusstr, 1 M rechts*; von * bis * wdh bis 1 M vor R-Ende, RM.

Krauses Fischerpatent in Runden:

1. Rd: *1 M rechts, 1 M mit 1 U wie zum Linksstr abh*; von * bis * fortlaufend wdh.

2. Rd: *1 M rechts, 1 M mit U der Vor-Rd links zusstr*; von * bis * fortlaufend wdh.

Glatt rechts in Runden:

Alle M werden als rechte M gearbeitet.

RM werden in Hin- und Rück-R als rechte M gearbeitet.
Es entsteht ein Knötchenrand.

MASCHENPROBE

Mit Nd 4,0 mm im krausen Fischerpatent 21 M und 41 R = 10 x 10 cm (nach dem Waschen und Spannen).

STRICKWEISE

Die Fliegermütze wird von unten nach oben nahtlos gearbeitet. Zuerst werden die Stirnblende und die Ohrenklappen separat in R gearbeitet. Die Ohrenklappen werden miteinander verbunden, während gleichzeitig der Hinterkopf geformt wird. Die Stirnblende wird auf entsprechender Höhe eingefügt und es wird gleichzeitig zur Rd geschlossen. Fortan wird in Rd gearbeitet. Die Mützenspitze wird mit rechts und links geneigten doppelten Abn geformt. Die Fliegermütze wird mit einer doppelt gelegten, glatt rechts gestrickten Blende umrandet. I-Cord-Bänder zum Binden werden direkt angestrickt.

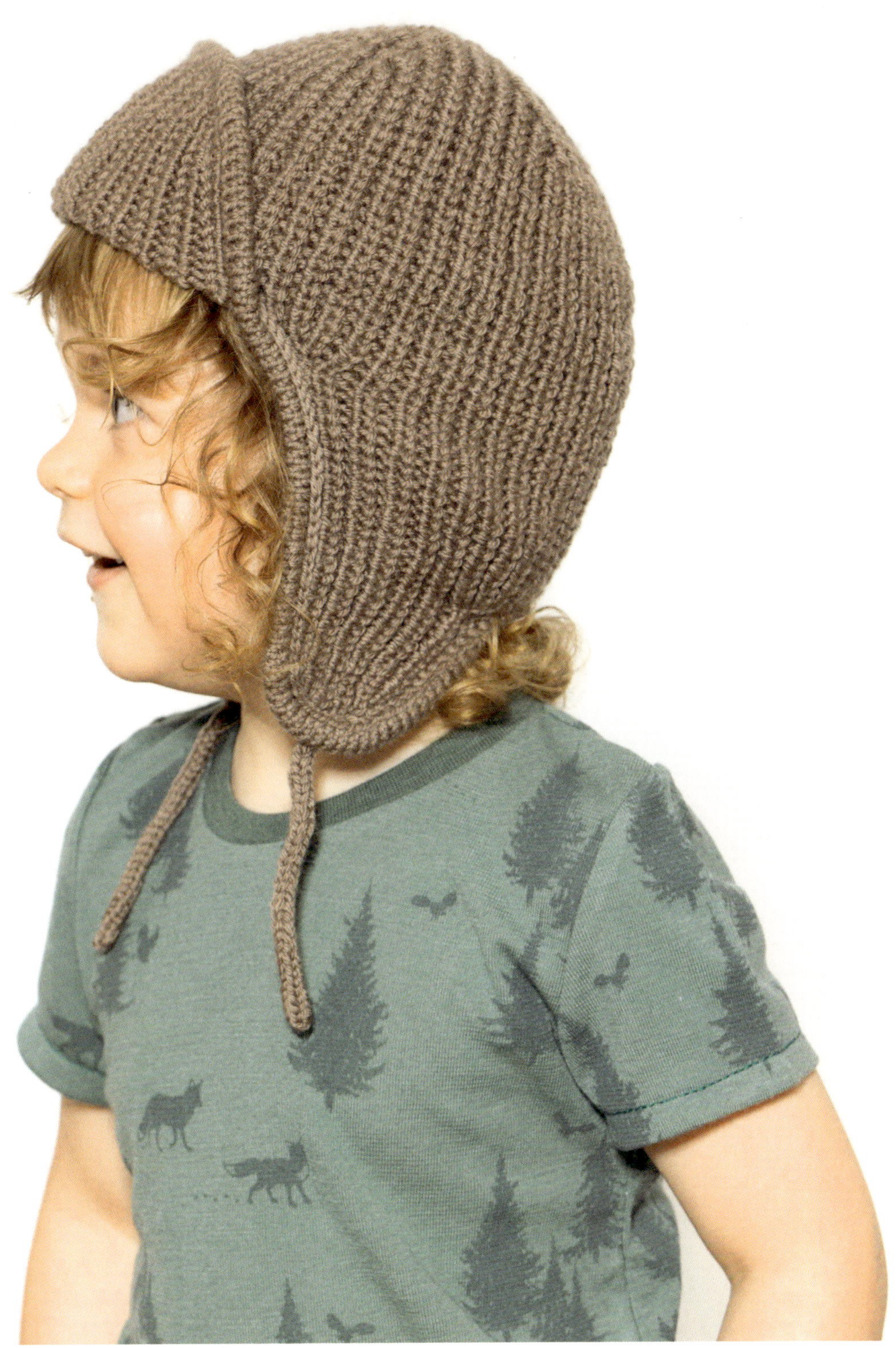

ANLEITUNG

STIRNBLENDE

Mit Nd 4,0 mm 9 (11) 13 (15) 17 M anschl.

Die 1. R ist eine Rück-R.

1.–3. R: Im krausen Fischerpatent str.

Nun werden Zun gearbeitet:

4. R (Zun-R): RM, 1 M mit U der Vor-R links zusstr, doppelte Zun rechts geneigt, im krausen Fischerpatent str bis 2 M vor R-Ende, doppelte Zun links geneigt, 1 M mit U der Vor-R links zusstr, RM.

5.–7. R: Im krausen Fischerpatent str.

Die 4.–7. R noch 2x für alle Größen wdh. Es befinden sich nun 21 (23) 25 (27) 29 M auf der Nd.

Im Grundmuster in R str, bis die Arbeit 5,5 (6) 6,5 (7) 7,5 cm ab der Anschlagkante misst. Mit einer Rück-R enden.

OHRENKLAPPE (2 X)

Mit Nd 4,0 mm 5 (5) 5 (7) 7 M anschl.

Die 1. R ist eine Rück-R.

1.–3. R: Im krausen Fischerpatent str.

Nun werden Zun in den Hin-R gearbeitet:

4. R (Zun-R): RM, 1 M mit U der Vor-R links zusstr, doppelte Zun rechts geneigt, im krausen Fischerpatent str bis 2 M vor R-Ende, doppelte Zun links geneigt, 1 M mit U der Vor-R links zusstr, RM.

5. R (Rück-R): Im krausen Fischerpatent str.
Die 4.–5. R noch – (1) 1 (1) 1x wdh. Es befinden sich 9 (13) 13 (15) 15 M auf der Nd.

Im Grundmuster in R str, bis die Arbeit 4 (5) 5 (6) 7 cm ab der Anschlagkante misst.

RECHTE OHRENKLAPPE

Für die rechte Ohrenklappe werden in den Hin-R nun am R-Ende M zugenommen.

1. R (Zun-R): RM, im krausen Fischerpatent str bis 2 M vor R-Ende, doppelte Zun links geneigt, 1 M mit U der Vor-R links zusstr, RM.

2. R (Rück-R): Im krausen Fischerpatent str.
Die 1.–2. R noch – (1) 2 (1) 2x wdh. Es befinden sich 11 (17) 19 (19) 21 M auf der Nd. Mit einer Rück-R enden.

LINKE OHRENKLAPPE

Für die linke Ohrenklappe werden in den Hin-R nun am R-Beginn M zugenommen.

1. R (Zun-R): RM, 1 M mit U der Vor-R links zusstr, doppelte Zun rechts geneigt, im krausen Fischerpatent str bis 1 M vor R-Ende, RM.

2. R (Rück-R): Im krausen Fischerpatent str.
Die 1.–2. R noch – (1) 2 (1) 2x wdh. Es befinden sich 11 (17) 19 (19) 21 M auf der Nd. Mit einer Rück-R enden.

OHRENKLAPPEN VERBINDEN

Die beiden Ohrenklappen nun verbinden.

Über die M der rechten Ohrenklappe wie folgt str:
RM, im krausen Fischerpatent str bis 2 M vor R-Ende, doppelte Zun links geneigt, 1 M mit U der Vor-R links zusstr, 1 M rechts.
In der Verlängerung 5 (3) 5 (11) 9 M mit dem Schlinganschlag anschl (siehe Seite 11).

Über die M der linken Ohrenklappe wie folgt str:
1 M rechts, 1 M mit U der Vor-R links zusstr, doppelte Zun rechts geneigt, im krausen Fischerpatent str bis 1 M vor R-Ende, RM.
Es befinden sich nun 31 (41) 47 (53) 55 M auf der Nd.

In R im Grundmuster arb, bis die Arbeit ab der Anschlagkante der zusätzlich angeschlagenen M 3 (3,5) 3,5 (4) 4 cm misst. Mit einer Rück-R enden.

Für die Größen 1–3:

1. R (Zun-R): RM, 1 M mit U der Vor-R links zusstr, doppelte Zun rechts geneigt, im krausen Fischerpatent str bis 2 M vor R-Ende, doppelte Zun links geneigt, 1 M mit U der Vor-R links zusstr, RM.
Keine Rück-R arb. Es befinden sich 35 (45) 51 (–) – M auf der Nd.

Für die Größen 4 und 5:

1. R (Zun-R): RM, 1 M mit U der Vor-R links zusstr, doppelte Zun rechts geneigt, im krausen Fischerpatent str bis 2 M vor R-Ende, doppelte Zun links geneigt, 1 M mit U der Vor-R links zusstr, RM.

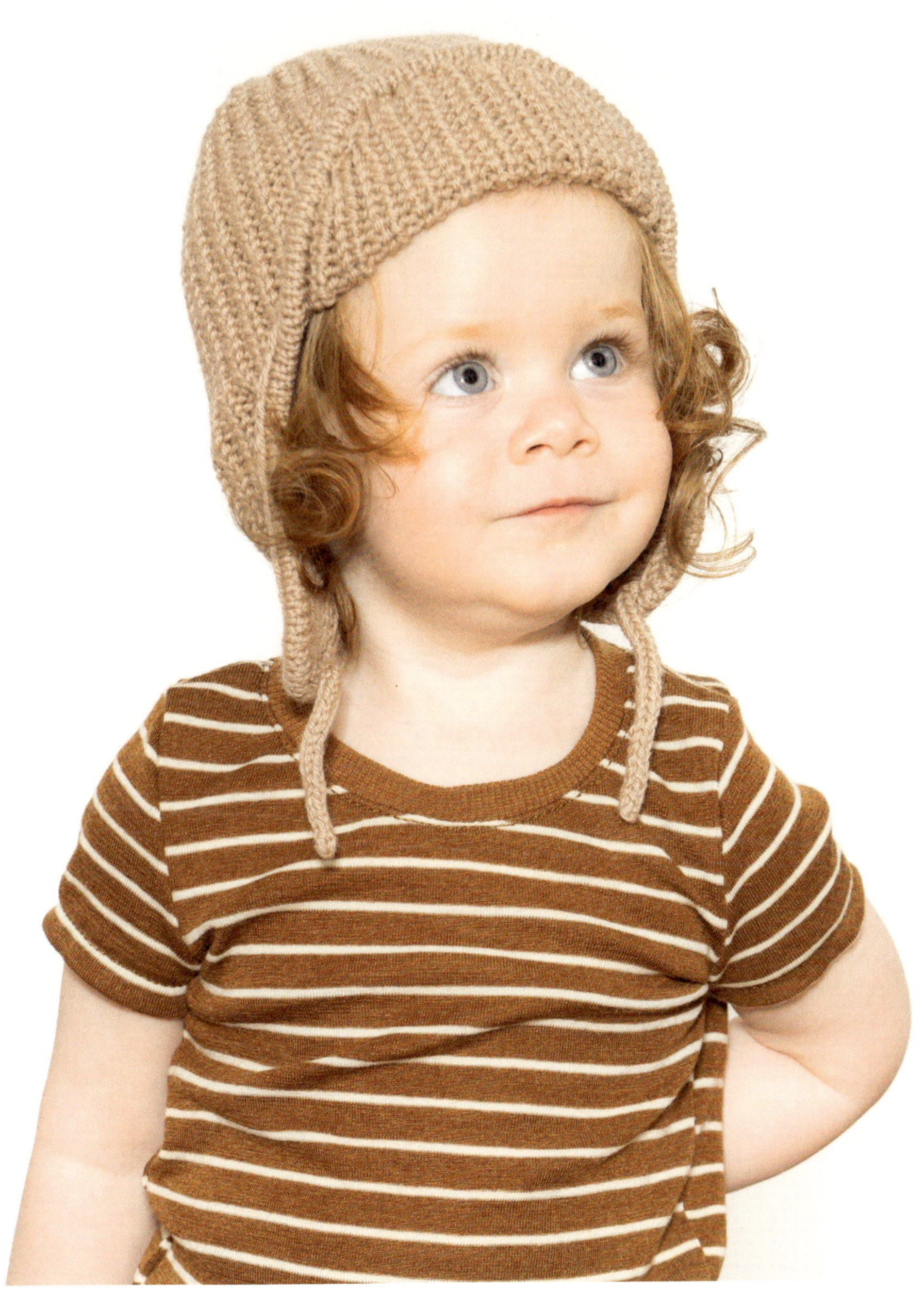

2. R (Rück-R): Im krausen Fischerpatent str.

3. R: Wie die 1. R arb.

Es befinden sich – (–) – (61) 63 M auf der Nd.

STIRNBLENDE EINFÜGEN

Die Stirnblende wird mit der linken Seite als Außenseite angestrickt, d.h. die Seite der Rück-R ist die zugewandte Seite und die Seite der Hin-R (krause Seite) ist abgewandt. Zwischen der letzten M der linken Ohrenklappe und der 1. M der Stirnblende MM für Rd-Beginn setzen. Die Stirnblende wird korrekt ins Muster eingefügt, indem dem Grundmuster in Rd gefolgt wird, d.h. die RM der Stirnblende werden als linke M weitergeführt.

Es befinden sich nun 56 (68) 76 (88) 92 M auf der Nd. In Rd str, bis die Arbeit 10 (10) 11,5 (11,5) 12,5 cm misst.

In der nächsten Rd (2. Rd des Grundmusters) werden MM für die Abn gesetzt:
9 (13) 15 (19) 19 M rechts, MM in linke M setzen, 15 (17) 19 (21) 23 M rechts, MM in linke M setzen, 11 (15) 17 (21) 21 M rechts, MM in linke M setzen, 15 (17) 19 (21) 23 M rechts, MM in linke M setzen, 2 (2) 2 (2) 2 M rechts.

Es folgen Abn, die in den 2. Grundmuster-Rd gestrickt werden. Am Ende der 1. Rd wird über den Rd-Beginn abgenommen. MM dafür entfernen und am besten in die Abn setzen, um den Rd-Beginn weiterhin zu markieren. Nachfolgend wird die letzte Abn der Rd jeweils in der neuen Rd gemacht, sprich in einer 1. Rd des Grundmusters.

1. Rd (Abn-Rd): *Im krausen Fischerpatent str bis 3 M vor die M mit MM, doppelte Abn links geneigt, M mit MM gemäß Grundmuster str (= 1 M mit U der Vor-R links zusstr), doppelte Abn rechts geneigt*; von * bis * fortlaufend wdh; bei letzter Abn über Rd-Beginn str.

2.–4. Rd: Im krausen Fischerpatent ohne Abn str.

Diese 4 Rd noch 1 (2) 2 (3) 3x wdh. Es befinden sich noch 24 (20) 28 (24) 28 M auf der Nd.

Nur für die Größen 1, 3 und 5 eine Abn-Rd wie folgt str:
Im krausen Fischerpatent str bis 3 M vor die M mit MM, doppelte Abn links geneigt, M mit MM gemäß Grundmuster str, im krausen Fischerpatent str bis zur M mit MM, M mit MM gemäß Grundmuster str, doppelte Abn rechts geneigt; von * bis * noch 1x wdh und bis Rd-Ende str.
Es sind nun noch 16 (–) 20 (–) 20 M auf der Nd.

In der folgenden Rd für alle Größen die M-Zahl halbieren, indem in der gesamten Rd stets 2 M rechts zus gestrickt werden. Es befinden sich noch 8 (10) 10 (12) 10 M auf der Nd. Den Faden durch die übrigen M ziehen.

UMRANDUNG

Die Mütze auf links drehen, zur Nd 3,5 mm wechseln und M entlang der Mützenkante aufnehmen. Die M werden an der Innenkante aufgenommen und an der Außenkante abgekettet. Es werden 3 M pro 4 M oder R aufgenommen und zur Rd geschlossen. Mit der Aufnahme mittig am Hinterkopf beginnen.
Glatt rechts in Rd arb und insgesamt 5 (6) 6 (6) Rd str.
Das Garn nicht trennen. Den Rand nach außen umschlagen, sodass er doppelt liegt. M mit einer Häkel-Nd 3,0 mm mit Km an der Aufnahmekante befestigen (siehe Seite 56).

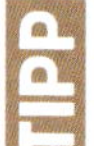

Alternativ kann die Kante auch mit dem Überwendlichstich ohne Häkel-Nd fixiert werden.

I-CORD-BÄNDER

Mit Nd 3,5 mm am unteren Ende einer Ohrenklappe auf der Innenseite 3 M aufnehmen. Die M rechts abstr, zurück zur linken Nd-Spitze schieben und erneut rechts abstr. Dies fortlaufend wdh, bis das Band die gewünschte Länge hat. Zuletzt 2 M rechts zusstr und die verbleibende M überz. Das Garn trennen und durchziehen.
Auf dieselbe Weise ein 2. Band an der 2. Ohrenklappe arb.

Alle losen Fäden vernähen und die Mütze für eine optimale Passform und ein ebenmäßiges M-Bild waschen und spannen.

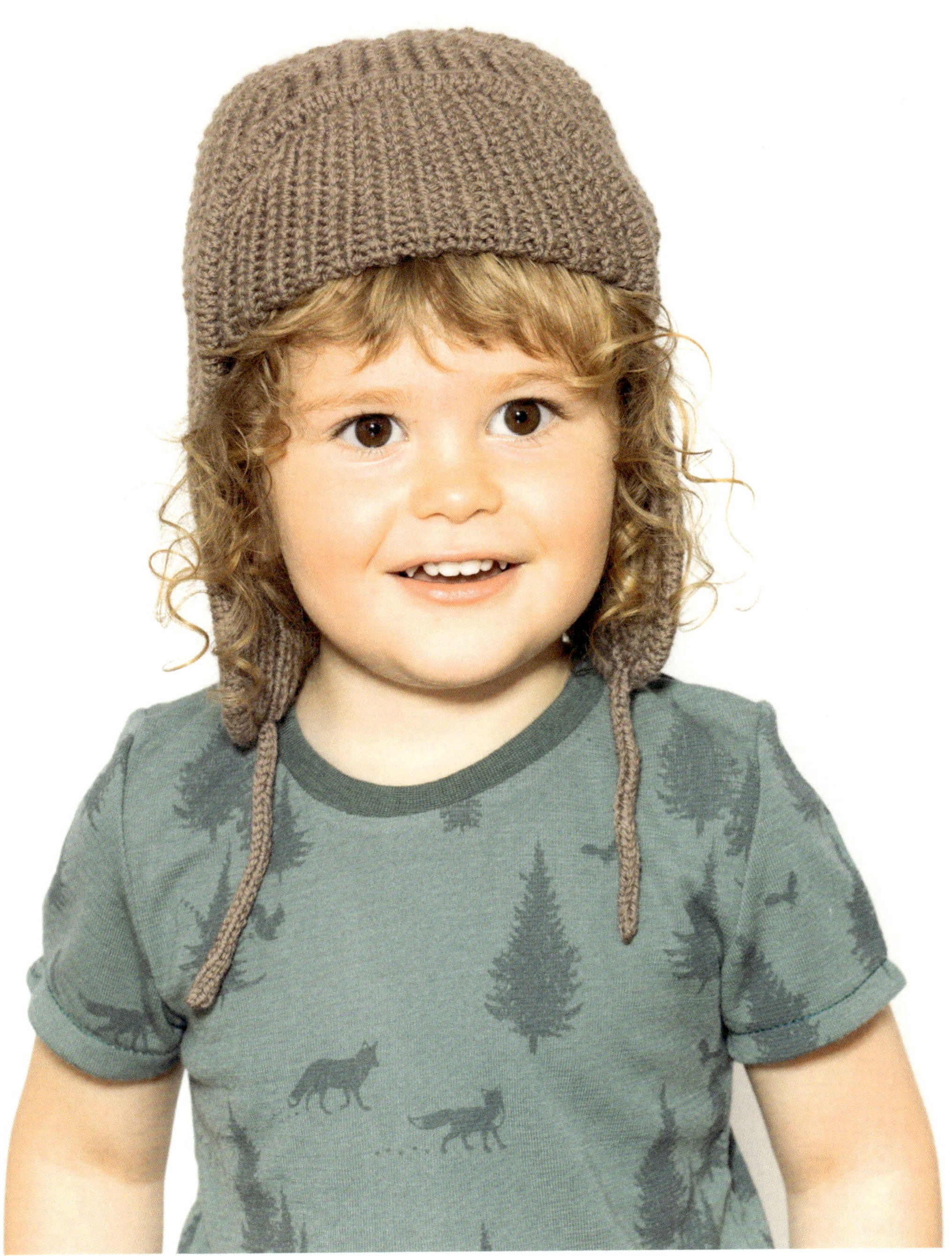

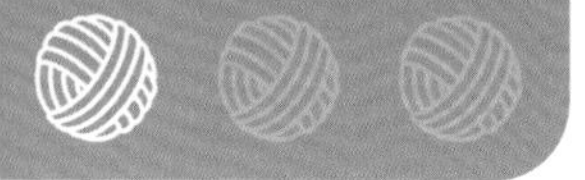

MORRIS

Streifenbeanie

MATERIAL

- Lamana, Bergamo (75 % Schurwolle, 25 % Alpaka, LL 65 m/25 g):

  Hauptfarbe: 65 (85) 95 (100) 105 m

  Streifenfarbe: 27 (30) 32 (35) 37 m
- Rundstricknadel 4,0 mm, 40 cm lang
- Nadelspiel 4,0 mm (es kann stattdessen auch mit Magic Loop gearbeitet werden)
- Wollnadel
- Maschenmarkierer

GRÖßEN

1 (2) 3 (4) 5

Dies entspricht einem Kopfumfang von 35–38 (38–42) 42–46 (46–49) 49–52 cm in den Alterskategorien 0–3 Monate (3–6 Monate) 6–12 Monate (1–2 Jahre) 2–4 Jahre.

Die Mütze wurde mit einer negativen Passform von ca. 8–10 cm entworfen.

GRUNDMUSTER

1 x 1 Rippenmuster in Runden:

1. Rd: *1 M rechts, 1 M links*; von * bis * fortlaufend wdh.

2. Rd: Alle M str, wie sie erscheinen.

MASCHENPROBE

Mit Nd 4,0 mm im 1 x 1 Rippenmuster 23 M und 30 R = 10 x 10 cm (nach dem Waschen und Spannen).

STRICKWEISE

Die Mütze wird von unten nach oben nahtlos gestrickt.

Der italienische Maschenanschlag bildet die Basis. Die angeschlagenen M werden zur Rd geschlossen und im 1 x 1 Rippenmuster durchgehend bis zum Ende gestrickt. Im Verhältnis 6 zu 2 R werden die Streifen gearbeitet. Die Mützenspitze wird durch Abnahmen geformt.

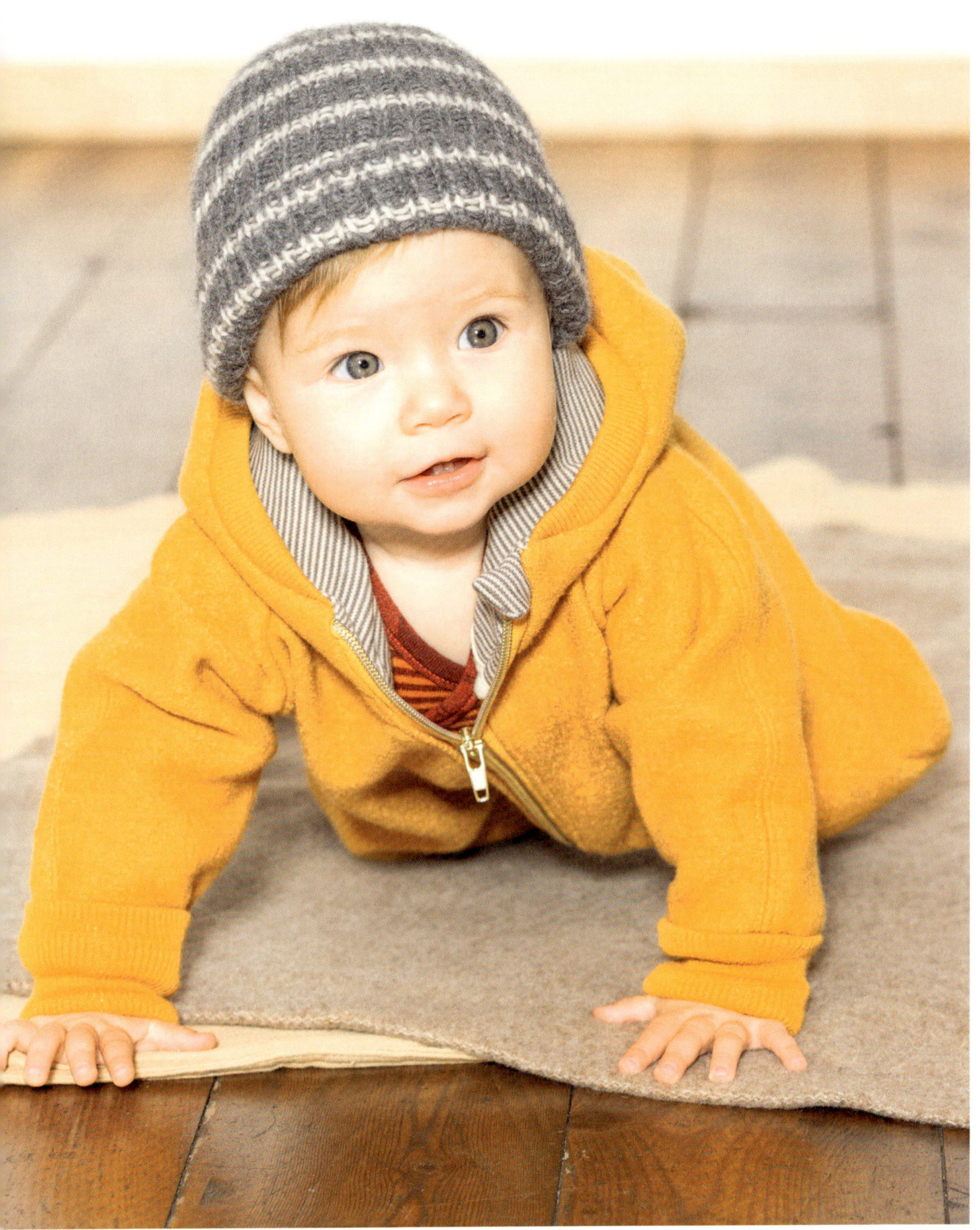

ANLEITUNG

Mit Nd 4,0 mm 64 (72) (80) 88 (96) M mit dem italienischen M-Anschlag in der Haupt-Fb anschl. Darauf achten, dass die 1. M nach der Anfangsschlaufe eine linke M ist. Zur Rd schließen und für den Rd-Beginn MM setzen.

4 Vorbereitungs-R wie folgt arb:

1. Rd: *1 M wie zum Rechtsstr abh mit Faden hinter der Arbeit, 1 M links verschr*; von * bis * fortlaufend wdh.

2. Rd: *1 M rechts, 1 M wie zum Linksstr abh mit Faden vor der Arbeit*; von * bis * fortlaufend wdh.

3. Rd: *1 M wie zum Rechtsstr abh mit Faden hinter der Arbeit, 1 M links*; von * bis * fortlaufend wdh.

4. Rd: Wie die 2. Rd str.

Zur Streifen-Fb wechseln und 2 Rd im 1 x 1 Rippenmuster str. Zurück zur Haupt-Fb wechseln und 6 Rd im 1 x 1 Rippenmuster str; von * bis * fortlaufend wdh.

TIPP

Damit beim farblichen Übergang keine Stufe entsteht, in jeweils der 2. Rd nach dem Fb-Wechsel die 1. M nach dem MM aus der Vor-Rd, die noch in der anderen Fb gestrickt wurde, nach oben holen (es liegen dann 2 M in je einer anderen Fb auf der Nd) und gemäß Grundmuster rechts oder links abstr. Es empfiehlt sich vor allem bei den Streifen, das Hauptgarn mit nach oben zu nehmen, indem es mit dem Streifengarn verkreuzt wird. So muss es nicht getrennt werden.

Nach 9,5 (9,5) 12 (14,5) 14,5 cm die Mütze wenden und auf der linken Seite weiterstr. Die Wendung erfolgt am besten wie beim Wenden von verkürzten Reihen (siehe Seite 15). Um nicht auf der Innenseite weiterarb zu müssen, kann das Gestrickte durchgeholt werden, sodass die linke Seite fortan die Außenseite bildet. Die 1. M nach dem MM ist nun eine linke M.

Im 1 x 1 Rippenmuster in Rd fortfahren, bis die Arbeit ab der Anschlagkante 14,5 (17,5) 20 (22,5) 25,5 cm misst. Dies entspricht 5 (6) 7 (8) 9 Streifen. Nach einem Streifen enden.

In der letzten Rd MM wie folgt setzen:
16 (18) 20 (22) 24 M im Grundmuster str, MM setzen; von * bis * fortlaufend wdh. Der letzte MM befindet sich bereits im Strickstück und markiert zusätzlich den Rd-Beginn.

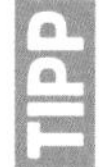

Verwende einen MM in einer anderen Fb, um den Rd-Beginn stets identifizieren zu können.

In der folgenden Rd Abn str, dabei den Hinweis beachten:

1 M links str, Abn rechts geneigt, im Grundmuster str bis 2 M vor MM, Abn links geneigt, MM abh; von * bis * fortlaufend wdh.

HINWEIS

Abn rechts geneigt mit links-rechts-M-Folge vor MM: 1 M wie zum Rechtsstr abh, 1 M links str und die abgehobene M über die gestrickte M ziehen.

Abn rechts geneigt mit rechts-rechts-M-Folge vor MM: 1 M wie zum Rechtsstr abh, 1 M rechts str und die abgehobene M über die gestrickte M ziehen.

Abn links geneigt mit links-rechts-M-Folge vor MM: 1 M links str, die M zurück auf die linke Nd heben und die nachfolgende M überz.

Abn links geneigt mit rechts-rechts-M-Folge vor MM: 2 M rechts zusstr.

Auf jede Abn-Rd folgt immer 1 Rd ohne Abn. Diese 2 Rd noch 5 (6) 7 (8) 9 x wdh, bis noch 16 M für alle Größen auf der Nd sind.

Nachfolgend in der gesamten Rd stets 2 M rechts zusstr, somit wird die M-Anzahl auf 8 M reduziert. Das Garn trennen und durch die restlichen 8 M ziehen.

Alle losen Fäden vernähen und die Mütze für eine optimale Passform und ein ebenmäßiges M-Bild waschen und spannen.

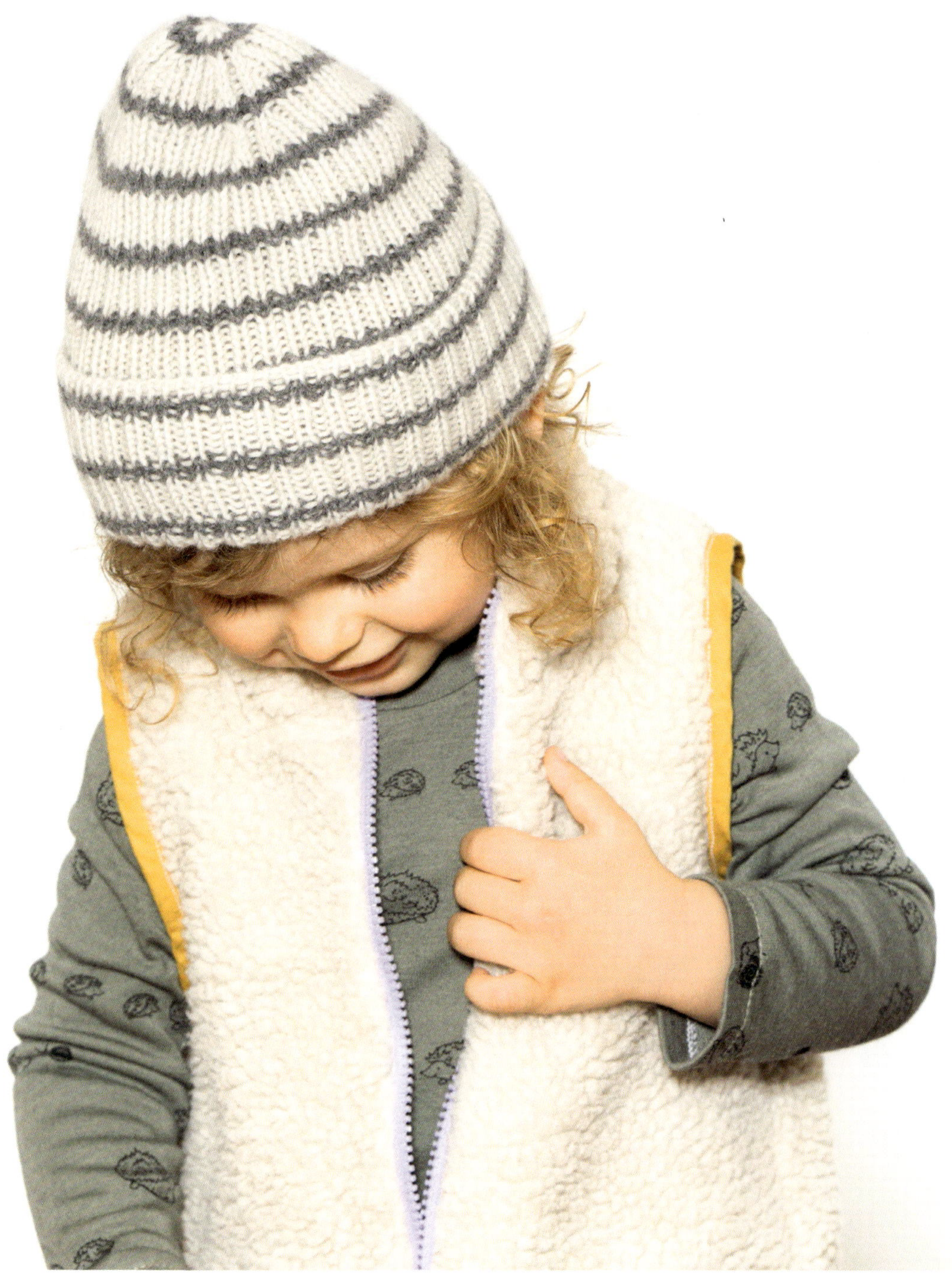

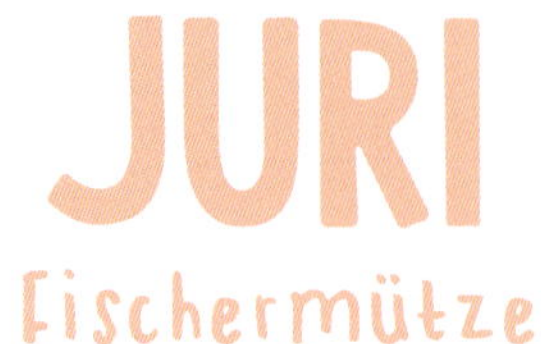

JURI
Fischermütze

MATERIAL

- Rosy Green Wool, Lovely Merino Treat (100 % Merinowolle, LL ca. 210 m/100 g):

  Farbe 1 (Mützenkrempe): 45 (50) 55 (60) 65 m

  Farbe 2 (Mützenspitze): 50 (55) 65 (70) 75 m
- Rundstricknadel 3,0 mm, 40 oder 60 cm lang
- Nadelspiel 3,0 mm, (4 Nadeln als Hilfsnadeln)
- Rundstricknadel 4,0 mm, 40 oder 60 cm lang
- Nadelspiel 4,0 mm (es kann stattdessen auch mit Magic Loop gearbeitet werden)
- Häkelnadel 3,0 oder 4,0 mm
- Wollnadel
- Maschenmarkierer

GRÖßEN

1 (2) 3 (4) 5

Dies entspricht einem Kopfumfang von 35–38 (38–42) 42–46 (46–49) 49–52 cm in den Alterskategorien 0–3 Monate (3–6 Monate) 6–12 Monate (1–2 Jahre) 2–4 Jahre.

Die Mütze wurde mit einer negativen Passform von ca. 6–9 cm entworfen.

GRUNDMUSTER

Doppelstrick in Reihen:

1. R (Hin-R): *1 M rechts, 1 M wie zum Linksstr mit Faden vor der Arbeit abh*; von * bis * fortlaufend wdh.

2. R (Rück-R): Wie die 1. R str.

Glatt rechts in Runden:

Alle M werden als rechte M gearbeitet.

MASCHENPROBE

Mit Nd 3,0 mm im Doppelstrick 48 M und 57 R = 10 x 10 cm

Mit Nd 4,0 mm glatt rechts 24 M und 34 R = 10 x 10 cm

Immer nach dem Waschen und Spannen.

STRICKWEISE

Zuerst wird die Krempe im Doppelstrick gearbeitet. Durch den offenen Maschenanschlag und das Schließen mit dem Maschenstich entsteht ein nahtloses Band. Die Krempe kann so genau auf den Kopfumfang des Babys/Kindes angepasst werden. Die Mützenspitze wird an die Krempe angestrickt, indem Maschen direkt in die Krempe aufgenommen werden. Die Spitze wird durch Abnahmen geformt. Durch die Arbeitsweise kann die Mütze am Ende auf vier verschiedene Arten getragen werden.

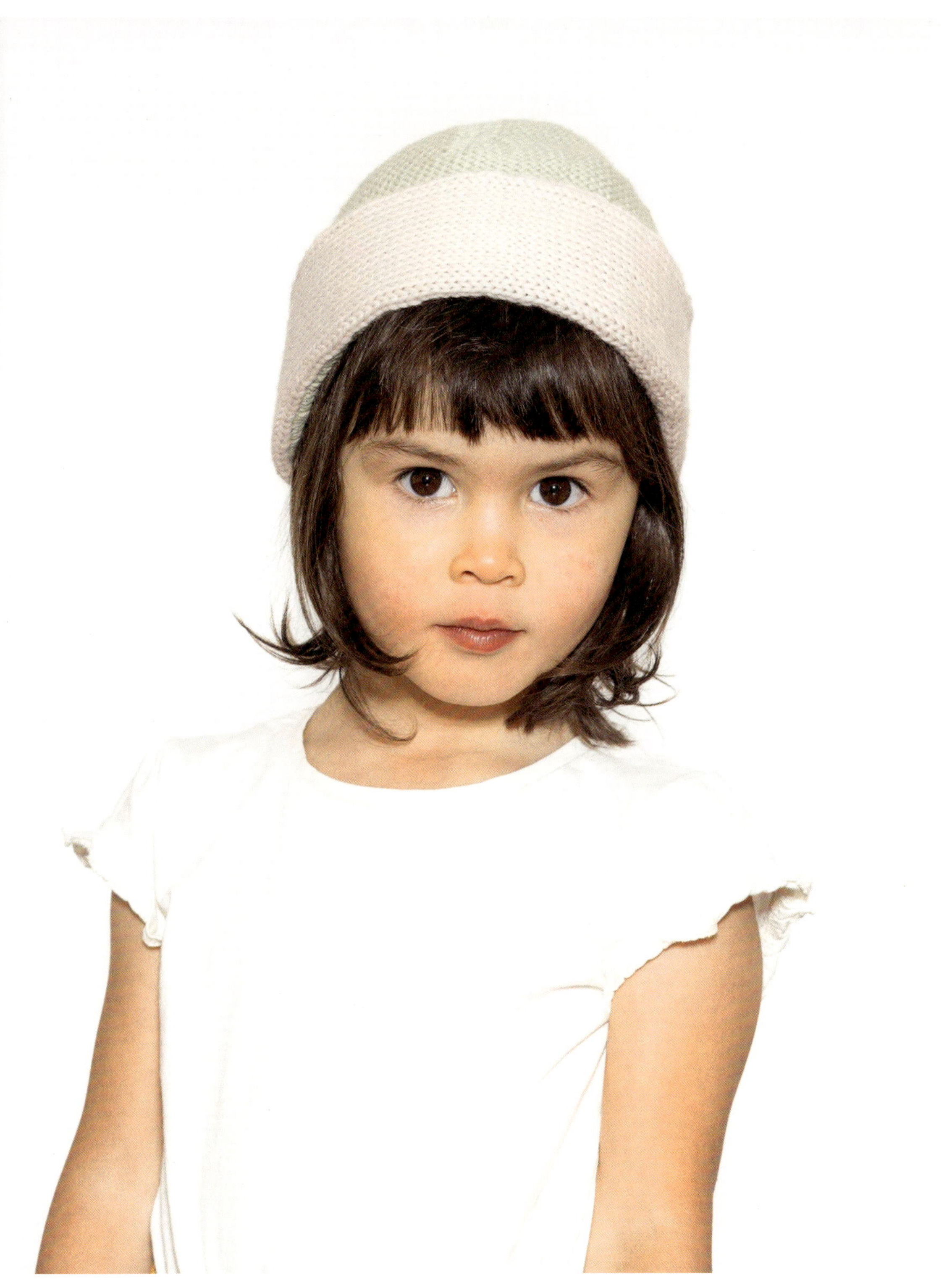

ANLEITUNG

KREMPE IM DOPPELSTRICK

Mit Nd 3,0 mm 20 (24) 24 (28) 32 M mit Judys magischem M-Anschlag (siehe Seite 12, alternativ mit dem provisorischen M-Anschlag mit extra Faden, siehe Seite 10) anschl. Die M-Anzahl gilt pro Nd.

Nach dem M-Anschlag die M auf der Nd um 180 Grad drehen und die untere Nd durchziehen, sodass die M auf dem Seil liegen. Die M der oberen Nd rechts abstr, wenden und in einer Rück-R 1 M wie zum Linksstr abh, alle M links str bis 1 M vor R-Ende, 1 M wie zum Linksstr abh. Die offenen M aus dem M-Anschlag, die auf dem Seil liegen, auf einer Hilfs-Nd oder einem Stück Restgarn stilllegen.

Nun die M auf der Arbeits-Nd auf 2 Nd 3,0 mm aus dem Nd-Spiel gleichmäßig verteilen. Dazu die ersten 10 (12) 12 (14) 16 M auf 1 Nd aus dem Nd-Spiel schieben und die nächsten 10 (12) 12 (14) 16 M auf 1 weitere Nd. Die Nd parallel nehmen, sodass die M in der Mitte zueinander geklappt werden.

Nun im Doppelstrick die Blende arb. Dabei werden in der 1. R die M abwechselnd von den Nd aus dem Nd-Spiel zurück auf die Rundstrick-Nd 3,0 mm gestrickt, beginnend mit der M der näherliegenden Nd.

1. R (Hin-R): *1 M rechts, 1 M wie zum Linksstr mit Faden vor der Arbeit abh*; von * bis * fortlaufend wdh.

2. R (Rück-R): Wie die 1. R str.

Die beiden R abwechselnd arb, bis die Arbeit 30 (33) 36 (39) 41,5 cm misst, oder die gewünschte Länge hat. Mit einer Rück-R enden. Das Garn großzügig trennen, sodass ca. 60–80 cm Garn für das Abk übrig sind.

Zum Schließen des Bands werden nun die M ringsum mit dem M-Stich abgekettet (siehe Seite 11). Dazu alle M, die als rechte M erscheinen, auf 1 Nd aus dem Nd-Spiel legen und alle M, die als linke M erscheinen, auf 1 weitere Nd legen. Ebenso die M auf der Hilfs-Nd oder dem Stück Restgarn auf 2 weitere Nd verteilen, sodass auf jeder Nd 10 (12) 12 (14) 16 M liegen. Nun die Nd so zueinander positionieren, dass sich die Arbeit schließen lässt, d.h. rechte M zueinander und linke M zueinander. An der Stelle, an der das Arbeitsgarn hängt, mit dem Abk der M im M-Stich beginnen und ringsum abk.

ACHTUNG

Sobald alle M auf den ersten beiden Nd abgekettet sind und auf die innen liegenden Nd gewechselt wird, darauf achten, dass das Garn richtig liegt und die letzten M nicht verdreht abgekettet werden.

Nach dem Abk die entstanden M gleichmäßig ins M-Bild einfügen, indem der Faden fester gezogen oder gelockert wird. Alle offenen Fäden vernähen.

MÜTZENSPITZE

Die Mützenspitze wird so angestrickt, dass die Mütze wendbar ist, also mit der glatt rechten oder glatt linken Seite nach außen getragen werden kann, und zusätzlich die Krempe in beide Richtungen nach oben geklappt werden kann.

Mit einer Häkel-Nd das Garn von der Unterkante zur Oberkante (= Seite mit den Fäden zum Vernähen) durchholen. Nun ca. 70–100 cm Garn nachziehen, sodass genügend Garn für die M-Aufnahme zur Verfügung steht.

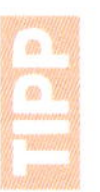

Das Arbeitsgarn (Knäuel) noch nicht trennen. Dies erst nach der M-Aufnahme tun.

Den Faden in die Woll-Nd einfädeln und zwischen die M ringsum der Oberkante ziehen. Mit Nd 3,0 mm zwischen den Querfäden M aufnehmen, sodass die aufgenommenen M direkt oben am Band sitzen und nur eine minimale Anschlagkante entsteht. Aufgenommen wird je 1 M in jeden Querfaden (siehe Abb. 1 und 2, Seite 38).

Es befinden sich ca. 84 (96) 102 (114) 120 M auf der Nd. Zwischen 1. und letzter aufgenommenen M MM setzen, um den Rd-Beginn zu markieren.

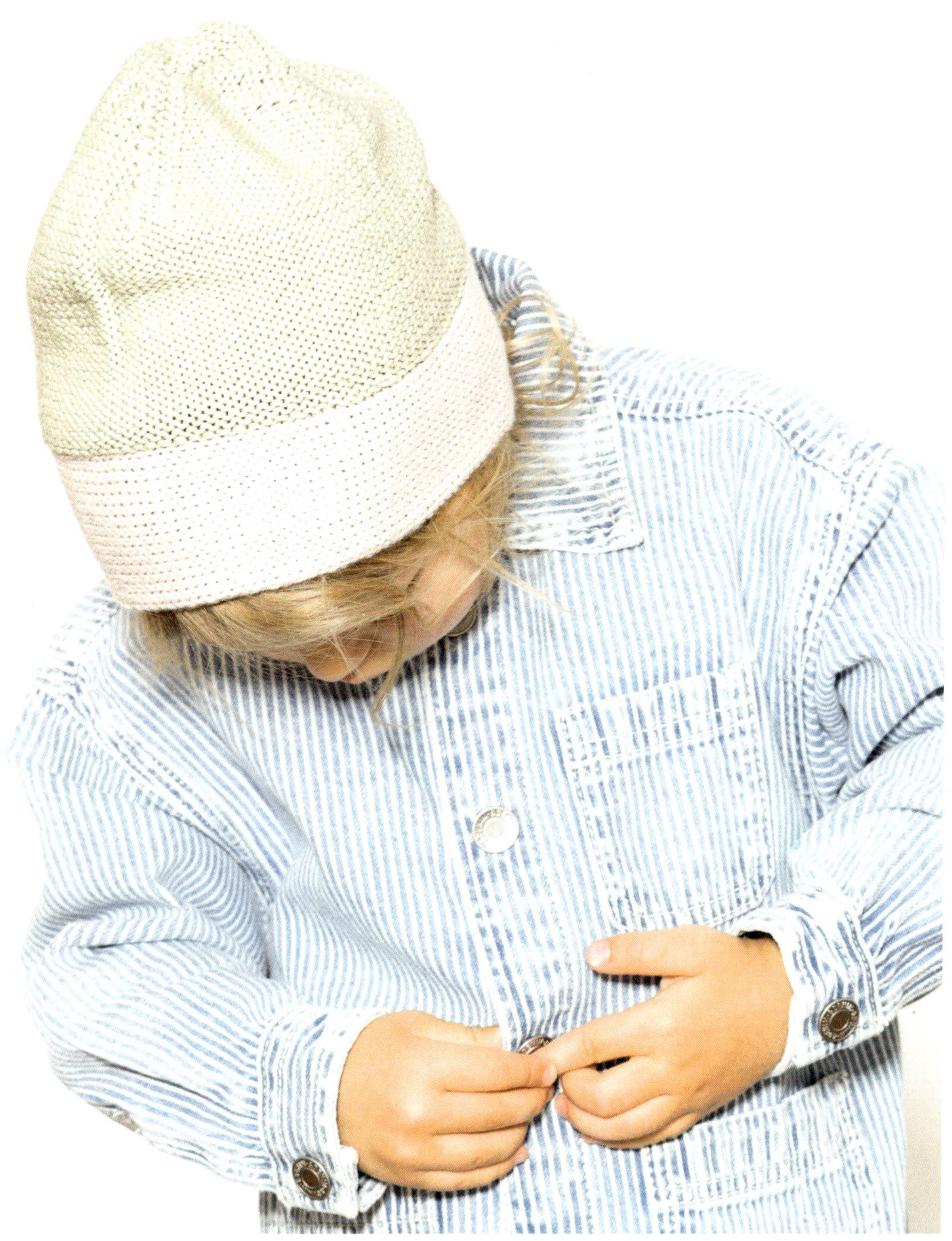

Zu Nd 4,0 mm wechseln und in der 1. Rd M abn. Dazu fortlaufend 4 M rechts, 2 M rechts zusstr. Je nach Umfang der Krempe geht das mit der aufgenommenen M-Anzahl nicht auf. Es empfiehlt sich daher, die aufgenommenen M vor der Abn-Rd zu zählen und das Abn-Intervall so festzulegen, dass am Ende 72 (80) 84 (96) 100 M auf der Nd liegen. Beim Abn-Intervall darauf achten, dass die Abn gleichmäßig verteilt sind.

Glatt rechts in Rd arb, bis die Arbeit 6 (6,5) 7,5 (7,5) 8 cm misst. In der letzten Rd MM wie folgt setzen:

18 (20) 21 (24) 25 M rechts, MM setzen; von * bis * fortlaufend wdh.
Der letzte MM markiert gleichzeitig den Rd-Beginn.

Nachfolgend werden M für die Formung der Mützenspitze abgenommen:

1. Rd: *MM abh, 1 M rechts, 2 M rechts zusstr, bis 2 M vor MM rechts str, 2 M rechts überz*; von * bis * fortlaufend wdh.

2. Rd: Alle M rechts str.

Diese beiden Rd wdh, bis 8 (8) 12 (16) 12 M übrig sind. Mit einer 1. Rd enden.

In folgender 2. Rd stets 2 M rechts zusstr, sodass sich noch 4 (4) 6 (8) 6 M auf der Nd befinden. Garn trennen und durch die übrigen M ziehen.

Alle losen Fäden vernähen.
Die Beanie für eine optimale Passform und ein ebenmäßiges M-Bild waschen und spannen.

MASCHEN ZWISCHEN DEN QUERFÄDEN AUFNEHMEN

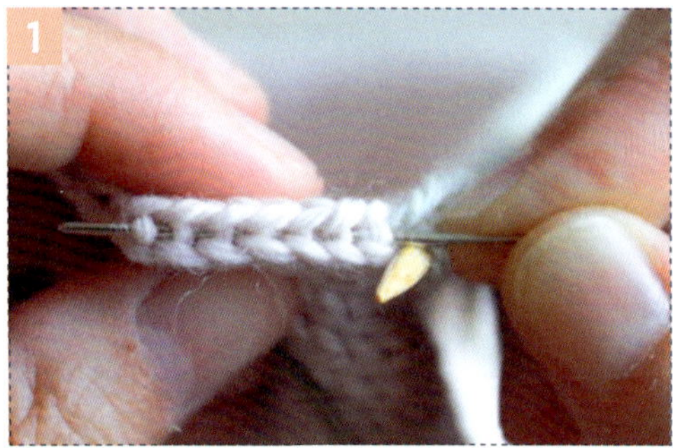

Woll-Nd zwischen M der Oberkante längs einfädeln, sodass der Faden unter den Querfäden der M liegt.

TIPP Immer nur 7–10 M auf einmal und dann zum nächsten Schritt in Abb. 2 wechseln.

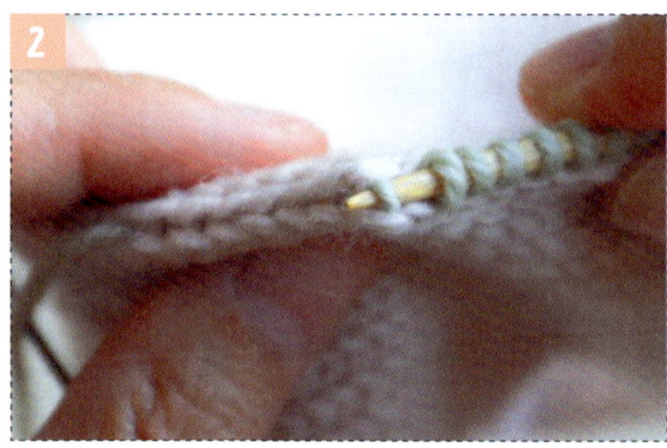

Nun den eingezogenen Faden mit der Arbeits-Nd 3,0 mm immer zwischen den Querfäden der Oberkante durchholen. Anschließend wieder den Schritt aus Abb. 1 wdh und so lange fortfahren, bis ringsum an der Oberkante M aufgenommen sind.

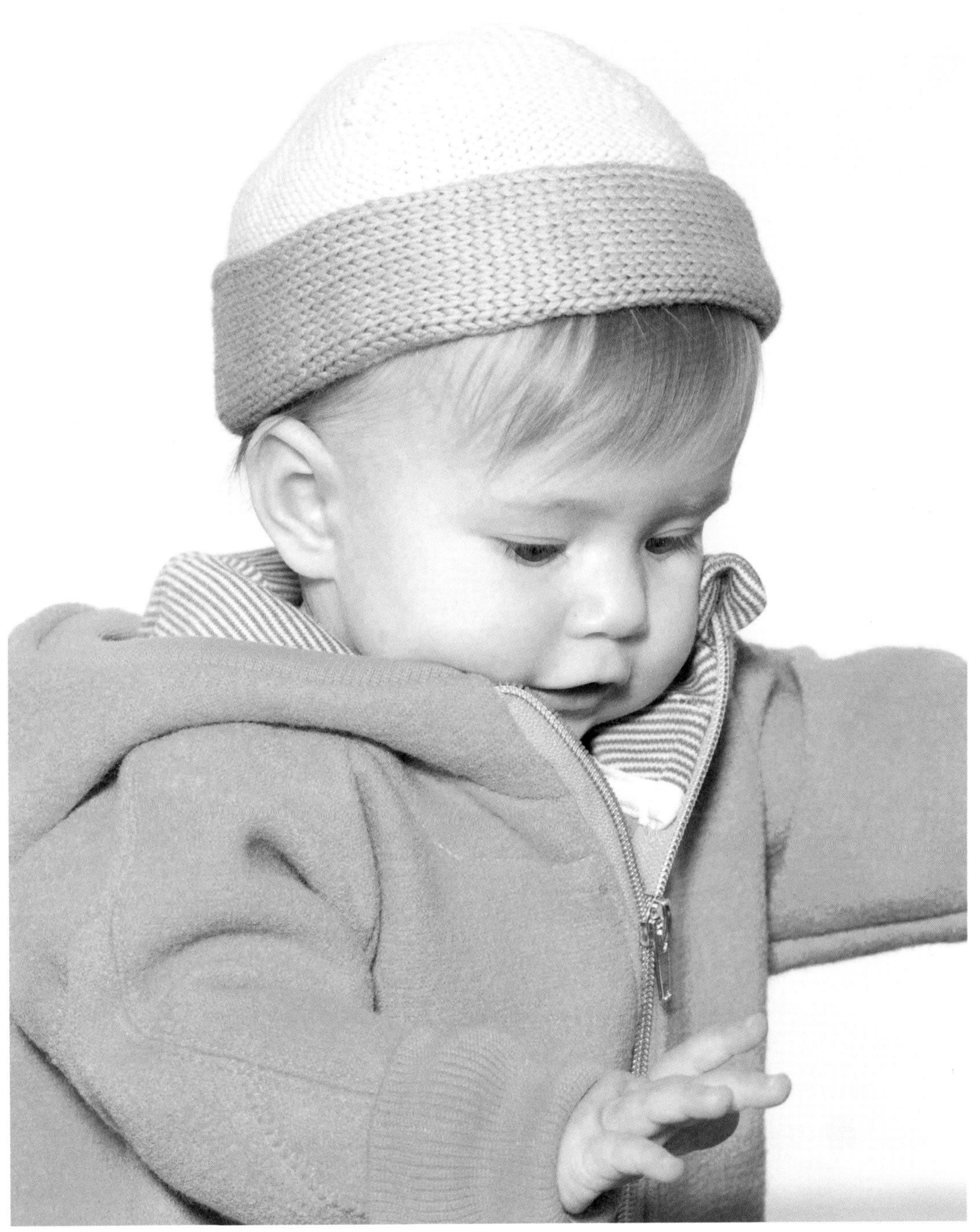

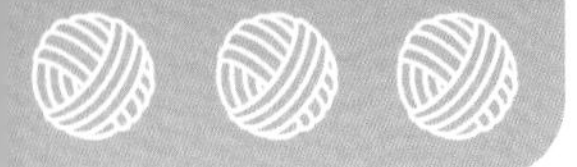

MAYA

Bonnet

MATERIAL

- Lana Grossa, Ecopuno (72 % Baumwolle, 17 % Schurwolle, 11 % Babyalpaka, LL 215 m/50 g), 185 (200) 220 (240) 255 m
- Lana Grossa, Silkhair (70 % Mohair, 30 % Seide, LL 210 m/25 g), 185 (200) 220 (240) 255 m
- Rundstricknadel 3,0 mm, 40 oder 60 cm lang
- Rundstricknadel 2,0 mm, 40 oder 60 cm lang
- 2 Nadeln 2,0 mm aus Nadelspiel
- Wollnadel
- Maschenmarkierer

GRÖẞEN

1 (2) 3 (4) 5

Dies entspricht einem Kopfumfang von 35–38 (38–42) 42–46 (46–49) 49–52 cm in den Alterskategorien 0–3 Monate (3–6 Monate) 6–12 Monate (1–2 Jahre) 2–4 Jahre.

GRUNDMUSTER

Netzpatent in Reihen:

Start-R (einmalig um Muster aufzusetzen): RM, *1 M rechts, 1 M wie zum Linksstr mit 1 U abh*; von * bis * wdh bis 2 M vor R-Ende, 1 M rechts, RM.

1. R (Hin-R): RM, *1 M rechts, 1 M der Doppel-M rechts str, folgenden U wie zum Linksstr mit Faden hinter der Arbeit abh*; von * bis * wdh bis 2 M vor R-Ende, 1 M rechts, RM.

2. R (Rück-R): RM, *1 M wie zum Linksstr mit 1 U abh, Doppel-M rechts zusstr*; von * bis * wdh bis 2 M vor R-Ende, 1 M wie zum Linksstr mit U abh, RM.

3. R (Hin-R): RM, *1 M der Doppel-M rechts str, folgenden U wie zum Linksstr mit Faden hinter der Arbeit abh, 1 M rechts*; von * bis * wdh bis 2 M vor R-Ende, 1 M der Doppel-M rechts str, folgenden U wie zum Linksstr mit Faden hinter der Arbeit abh, RM.

4. R (Rück-R): RM, *Doppel-M rechts zusstr, 1 M wie zum Linksstr mit 1 U abh*; von * bis* wdh bis 2 M vor R-Ende, Doppel-M rechts zusstr, RM.

RM am R-Beginn wie zum Linksstr mit Faden vor der Arbeit abh und am R-Ende rechts str. Es entsteht ein Kettrand.

MASCHENPROBE

Mit Nd 3,0 mm im Netzpatent 18 M und 48 R = 10 x 10 cm (nach dem Waschen und Spannen).

STRICKWEISE

Das Bonnet wird vom Nacken aus Richtung Gesicht gestrickt. Zuerst wird der Hinterkopf als Rechteck in R geformt. Anschließend werden an der rechten und linken Seite M aufgenommen und zusammen mit den offenen M des Hinterkopfs in R Richtung Gesicht weitergeführt. Entlang des Nackens wird eine Blende im Doppelstrick angestrickt. Anschließend werden die Bindebänder und die Blende ums Gesicht ebenfalls im Doppelstrick aus einem Stück gearbeitet.

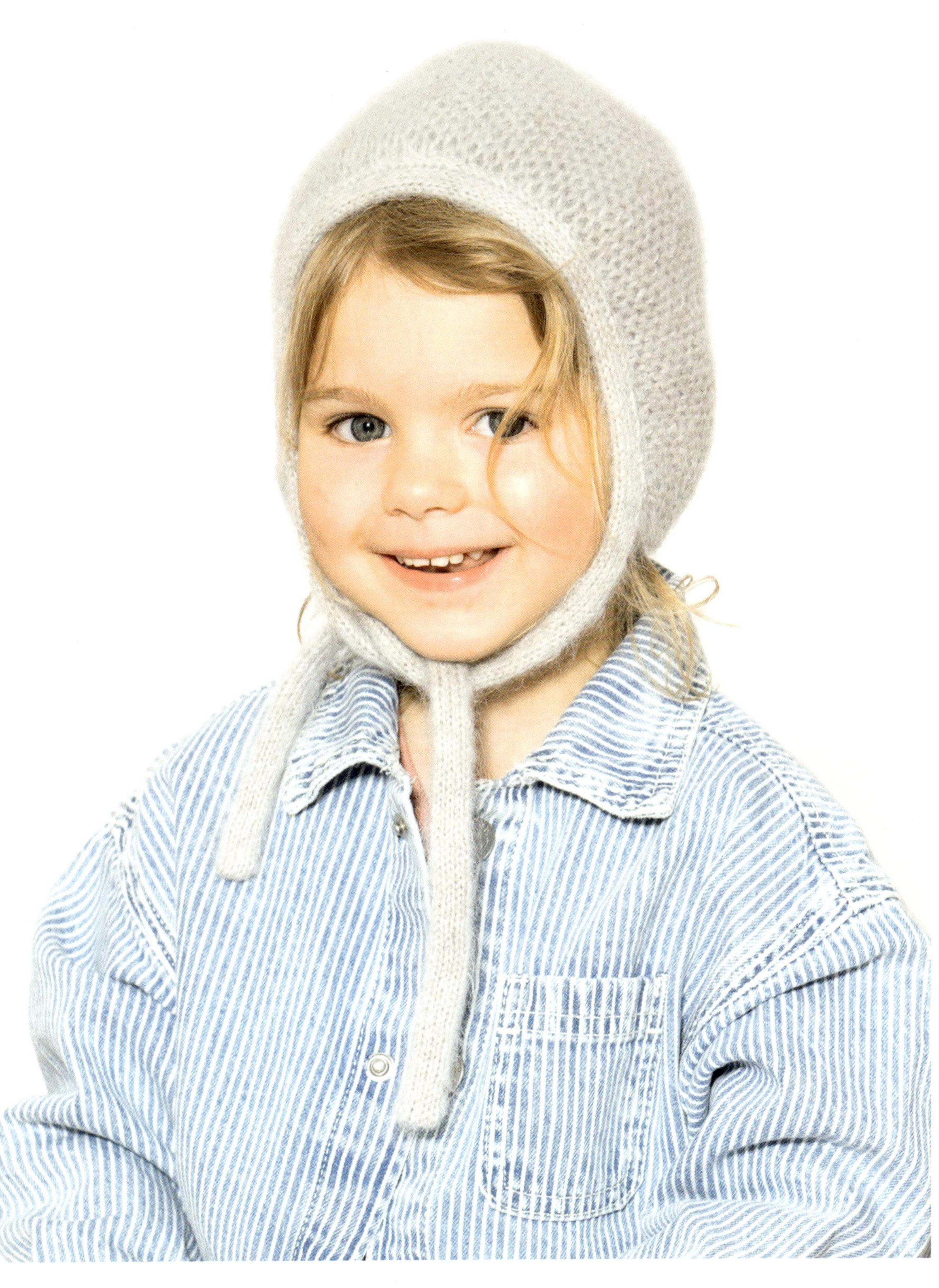

ANLEITUNG

Mit Nd 3,0 mm 15 (17) 17 (19) 21 M anschl.

Die Start-R des Netzpatents str. Nun im Grundmuster (1.–4. R fortlaufend wdh) str, bis die Arbeit 10,5 (11,5) 12,5 (13,5) 14,5 cm misst. Mit einer 4. R enden und das Garn trennen.

Beginnend an der rechten Kante 31 (33) 37 (39) 41 M aufnehmen, über die 15 (17) 17 (19) 21 offenen M im Grundmuster str, d.h. mit einer 1. R des Grundmusters fortfahren und dabei die RM wie zum Linksstr mit Faden hinter der Arbeit abh. In der Verlängerung über die linke Kante 31 (33) 37 (39) 41 M aufnehmen. Es befinden sich nun 77 (83) 91 (97) 103 M auf der Nd.

Fortlaufend ab der 2. R (= Rück-R) im Netzpatent arb, bis die Arbeit ab der Aufnahmekante 9 (10) 11 (12) 13 cm misst. Die M auf einer Hilfs-Nd oder einem Stück Restgarn stilllegen und das Garn trennen.

NACKENBLENDE

Mit Nd 2,0 mm entlang des Nackens 68 (75) 82 (89) 95 M aufnehmen. Das Garn trennen.

Mit 1 Nd 2,0 mm aus dem Nd-Spiel 7 (7) 9 (9) 9 M mit dem provisorischen M-Anschlag anschl (siehe Seite 10). Die M vor dem Abstr auf 2 Nd 2,0 mm aus dem Nd-Spiel aufteilen. Dazu die ersten 3 (3) 4 (4) 4 M auf 1 weitere Nd aus dem Nd-Spiel schieben. Die Nd parallel nehmen, sodass die M in der Mitte zueinander geklappt werden.

Nun im Doppelstrick die Blende arb. Dabei werden in der 1. R die M abwechselnd von den Nd aus dem Nd-Spiel zurück auf die Rundstrick-Nd gestrickt, beginnend mit der M der näherliegenden Nd. Mit der Rundstrick-Nd 2,0 mm, mit der die M entlang des Nackens aufgenommen wurden, arb, und zwar mit dem rechten Ende, sodass am Ende der 1. R die M mit dem linken Ende der Nd angestrickt werden können.

1. R (Hin-R): *1 M rechts, 1 M wie zum Linksstr mit Faden vor der Arbeit abh*; von * bis * wdh bis 1 M vor R-Ende, 2 M rechts verschr zusstr (d.h. die letzte M der R zus mit der aufgenommenen M entlang des Nackens – so wird die Blende direkt an das Bonnet gestrickt).

2 R. (Rück-R): *1 M wie zum Linksstr mit Faden vor der Arbeit abh, 1 M rechts*; von * bis * wdh bis 1 M vor R-Ende, 1 M wie zum Linksstr mit Faden vor der Arbeit abh.

Die 1.–2. R fortlaufend wdh, bis über alle aufgenommenen M gestrickt wurde. Mit der Hin-R, die die letzte aufgenommene M verbindet, enden. Das Garn trennen.

BINDEBÄNDER UND BLENDE UMS GESICHT

Die Bänder zum Schließen des Bonnets und die Blende ums Gesicht werden in einem Schritt gearbeitet.

Mit der Nd, auf der die M der Nackenblende liegen, in der Verlängerung die offenen M ums Gesicht übernehmen. Die M dazu von der Nd 3,0 mm auf die Nd 2,0 mm schieben, am Ende den provisorischen M-Anschlag lösen und M nach dem gleichen Prinzip zueinander geklappt abwechselnd auf die Nd nehmen.

Mit 1 Nd 2,0 mm aus dem Nd-Spiel 7 (7) 9 (9) 9 M mit dem italienischen M-Anschlag anschl (siehe Seite 8). Darauf achten, dass die 1. und letzte der angeschlagenen M eine linke M ist.

Startreihe (einmalig): *1 M wie zum Linksstr mit Faden vor der Arbeit abh, 1 M rechts verschr*; von * bis * wdh bis 1 M vor R-Ende, 1 M wie zum Linksstr mit Faden vor der Arbeit abh.

1. R (Hin-R): *1 M rechts, 1 M wie zum Linksstr mit Faden vor der Arbeit abh*; von * bis * wdh bis 1 M vor R-Ende, 1 M rechts.

2. R (Rück-R): * 1 M wie zum Linksstr mit Faden vor der Arbeit abh, 1 M rechts*; von * bis * wdh bis 1 M vor R-Ende, 1 M wie zum Linksstr mit Faden vor der Arbeit abh.

Die 1.–2. R fortlaufend wdh, bis die Arbeit 17 (17) 20 (20) 20 cm misst oder die gewünschte Länge hat.

Die M nun vom Nd-Spiel auf das linke Ende der Rundstrick-Nd in das Bonnet übertragen.
Im Doppelstrick weiterstr und

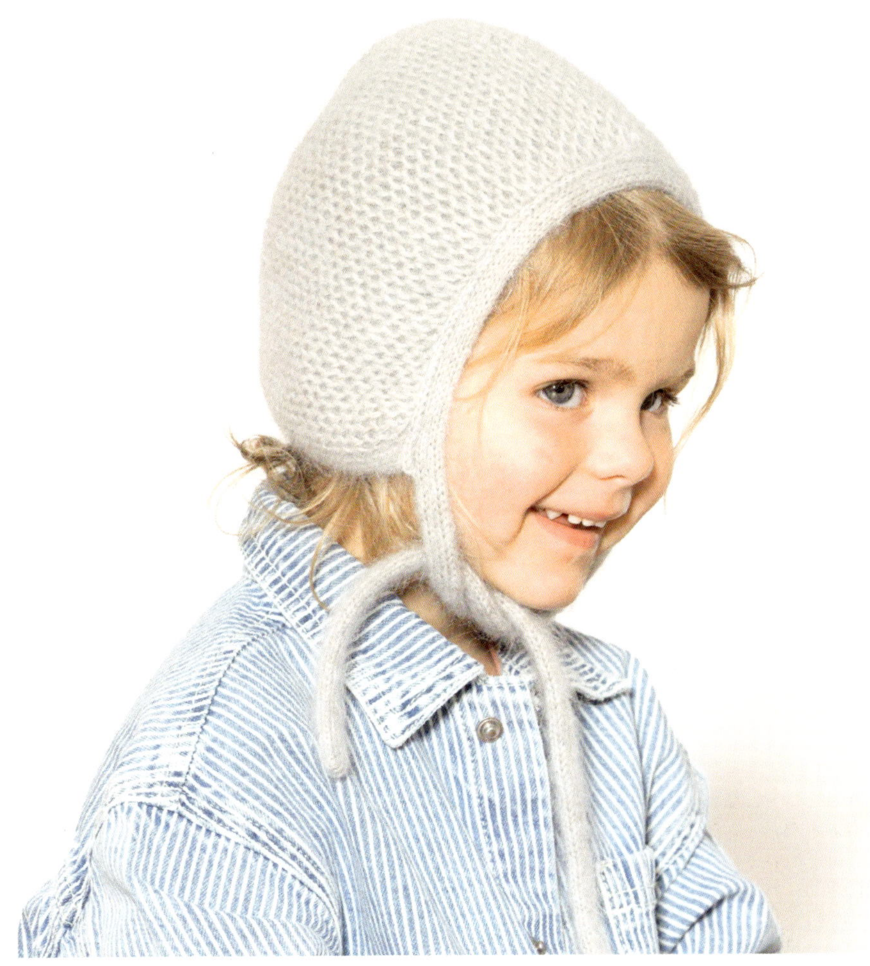

gleichzeitig nun wie beim Nacken die jeweils letzte M mit den offenen M ums Gesicht rechts verschränkt zusstr.

Zu Beginn und zum Ende darauf achten, dass über die ersten und letzten 6 Hin-R jeweils 3 M rechts verschr zus gestrickt werden, d. h. 1 M vom Doppelstrick mit 2 M der offenen M.

So werden die Doppelstrick-M vom Nacken einerseits richtig integriert und die Öffnung ums Gesicht andererseits geformt.

Sobald alle offenen M abgestrickt sind, mit den verbleibenden 7 (7) 9 (9) 9 M im Doppelstrick fortfahren und das 2. Bindeband auf die gleiche Länge wie das 1. str. Alle M italienisch abk (siehe Seite 13).

Alle losen Fäden vernähen und das Bonnet für eine optimale Passform und ein ebenmäßiges M-Bild waschen und spannen.

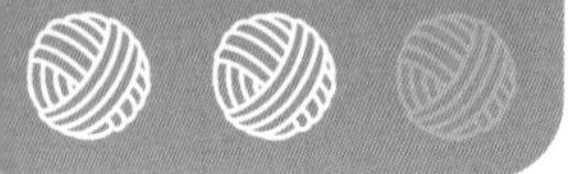

TULSI

Zwergenmützchen

MATERIAL

- Pascuali, Alpaca Fino (100 % Baby Alpaca, LL 100 m/50 g):

  Farbe 1: 50 (55) 60 (65) 70 m

  Farbe 2: 29 (32) 35 (38) 40 m
- 2 Rundstricknadeln 3,5 mm, 40 oder 60 cm lang
- Rundstricknadel 4,0 mm, 40 oder 60 cm lang
- Wollnadel
- Maschenmarkierer

GRÖßEN

1 (2) 3 (4) 5

Dies entspricht einem Kopfumfang von 35–38 (38–42) 42–46 (46–49) 49–52 cm in den Alterskategorien 0–3 Monate (3–6 Monate) 6–12 Monate (1–2 Jahre) 2–4 Jahre.

GRUNDMUSTER

Gedrehtes Rippenmuster in Reihen:

1. R (Hin-R): RM, *1 M links verschr, 1 M rechts verschr*; von * bis * fortlaufend wdh bis 2 M vor R-Ende, 1 M links verschr, RM.

2. R (Rück-R): RM, *1 M rechts verschr, 1 M links verschr*; von * bis * fortlaufend wdh bis 2 M vor R-Ende, 1 M rechts verschr, RM.

Glatt rechts in Reihen:

1. R (Hin-R): RM, alle M rechts bis 1 M vor R-Ende, RM.

2. R (Rück-R): RM, alle M links bis 1 M vor R-Ende, RM.

RM am R-Beginn wie zum Linksstr mit Faden vor der Arbeit abh und am R-Ende rechts str. Es entsteht ein Kettrand.

MASCHENPROBE

Mit Nd 4,0 mm glatt rechts 24 M und 32 R = 10 x 10 cm (nach dem Waschen und Spannen).

STRICKWEISE

Das Mützchen wird vom Gesicht Richtung Hinterkopf gestrickt und mit dem Maschenstich geschlossen. Es wird mit dem Bündchen ums Gesicht begonnen. Daran anschließend wird in das rechteckige Panel gewechselt, das am Ende die komplette Mütze formt. Zu Beginn und am Ende des Panels formen verkürzte Reihen den Kopf. Das Panel wird am Ende aufeinandergelegt und mit dem Maschenstich abgekettet. Das Bündchen um den Nacken und die Bindebänder werden in einem Arbeitsschritt direkt an das Mützchen angestrickt.

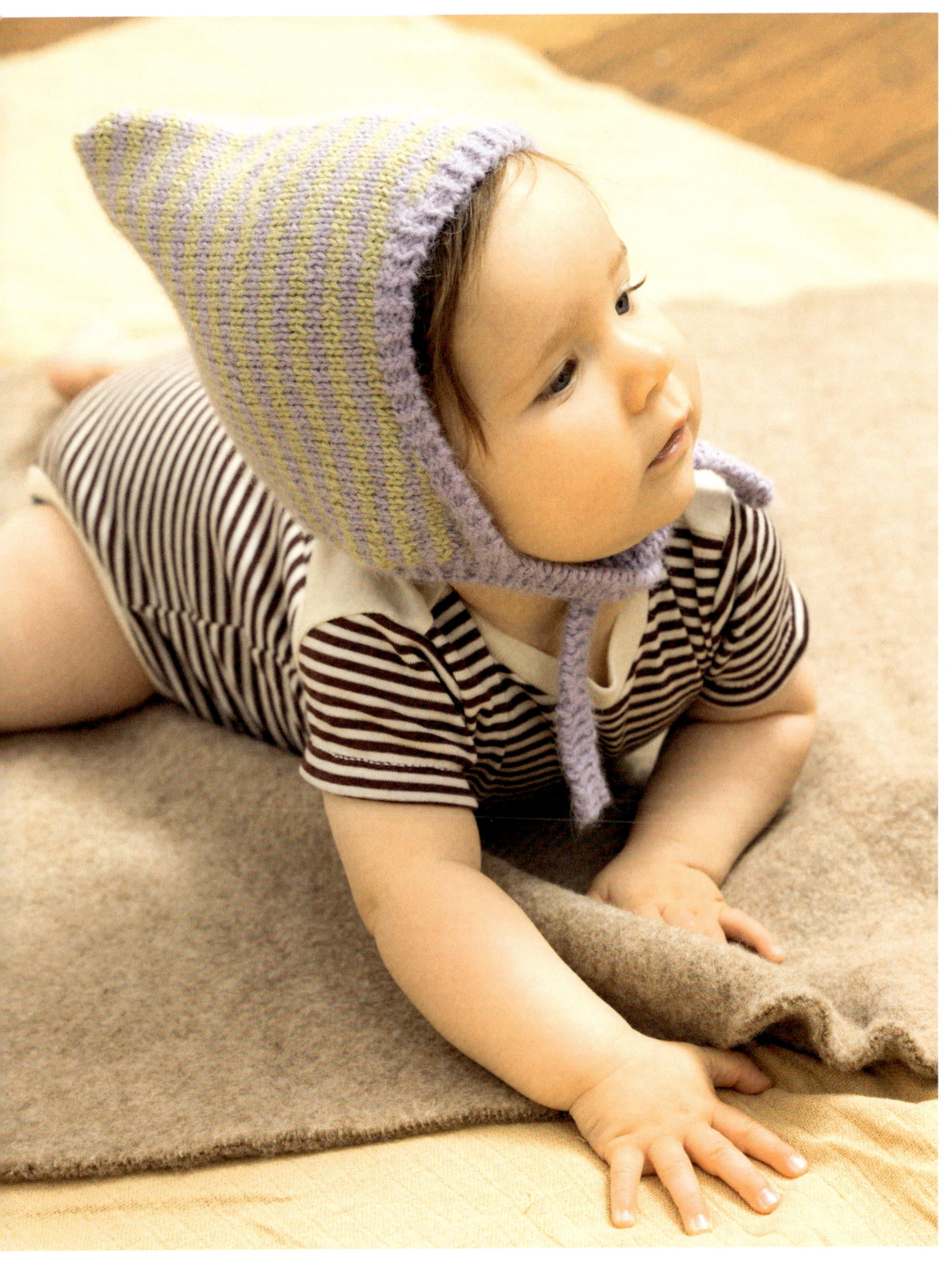

ANLEITUNG

Mit Nd 3,5 mm und Fb 1 69 (75) 83 (89) 95 M mit dem italienischen M-Anschlag anschl (siehe Seite 8). Darauf achten, dass die 1. und letzte angeschlagene M nach der Anfangsschlaufe eine rechte M ist.

Die Vorbereitungs-R wie folgt str: 1 M rechts, *1 M wie zum Linksstr mit Faden vor der Arbeit abh, 1 M rechts verschr*; von * bis * fortlaufend wdh.

Nun im gedrehten Rippenmuster über 5 (5) 5 (5) 7 R fortfahren. Das Garn nicht trennen.

Ab hier wird glatt rechts weitergestrickt und gleichzeitig verkürzte R (siehe Seite 15) an drei Stellen entlang des Bündchens gearbeitet . Die verkürzten R an den drei Stellen können aufgrund des Streifenmusters nicht verbindend gestr werden. D.h., das Garn muss nach jeder Stelle getrennt werden. Die verkürzten R formen jeweils die Kinnpartie (rechts und links) und in der Mitte entsteht eine Art Mini-Schild.

Damit das Garn für jeden Streifen nicht extra angesetzt werden muss, das Garn der jeweils ruhenden Fb in den RM nachziehen, indem die Fäden verkreuzt werden.

Der Arbeitsfaden befindet sich nun links, da die letzte R eine Hin-R war.

Zur Nd 4,0 mm wechseln und in einer Rück-R Fb 2 ansetzen.

Für die rechte Kinnpartie glatt rechts wie folgt str:

Fb 2: RM, 7 (8) 9 (10) 10 M links, wenden, alle M rechts bis R-Ende str.

Fb 1: RM, 9 (10) 11 (12) 13 M links, wenden, alle M rechts bis R-Ende str (beim Überstr der Doppel-M der verkürzten R beide Schenkel der Doppel-M zusammen abstr).

Fb 2: RM, 11 (12) 13 (14) 16 M links, wenden, alle M rechts bis R-Ende str.

Fb 1: RM, 13 (14) 15 (16) 19 M links, wenden, alle M rechts bis R-Ende str.

Anschließend die Garne beider Fb trennen.

Für das Mini-Schild in der Mitte: Von der rechten äußeren Kante des Strickstücks aus 32 (34) 37 (39) 42 M nach innen zählen. In einer Hin-R in Fb 2 bei der 33. (35.) 38. (40.) 43. M ansetzen. 7 (9) 11 (13) 13 M rechts, wenden, 7 (9) 11 (13) 13 M links (ohne Wende-M). Das Garn trennen.

Von der rechten äußeren Kante des Strickstücks aus 29 (31) 34 (36) 39 M nach innen zählen. In einer Hin-R in Fb 1 bei der 30. (32.) 35. (37.) 40. M ansetzen. 13 (15) 17 (19) 19 M rechts, wenden, 13 (15) 17 (19) 19 M links (ohne Wende-M). Das Garn trennen.

An der rechten äußeren Kante in einer Hin-R Fb 1 ansetzen. Für die linke Kinnpartie glatt rechts wie folgt str:

Fb 2: RM, 7 (8) 9 (10) 10 M rechts, wenden, alle M links bis R-Ende str.

Fb 1: RM, 9 (10) 11 (12) 13 M rechts, wenden, alle M links bis R-Ende str.

Fb 2: RM, 11 (12) 13 (14) 16 M rechts, wenden, alle M links bis R-Ende str.

Fb 1: RM, 13 (14) 15 (16) 19 M rechts, wenden, alle M links bis R-Ende str.

Mit Fb 2 glatt rechts in R über die gesamte Länge der R arb. Pro Fb jeweils 1 Hin- und Rück-R arb, dann die Fb wechseln. Auf diese Weise 11 (12) 13 (14) 15 cm str. Mit Fb 1 enden.

Nun wahlweise das Garn beider Fb trennen oder das Garnende aus der Knäuelmitte nehmen. Es folgen wenige verkürzte R zur Formung der Mützenspitze.

Von der rechten äußeren Kante 26 (28) 31 (33) 35 M nach innen zählen. In einer Hin-R bei der 27. (29.) 32. (34.) 36. M Fb 2 ansetzen. 19 (21) 23 (25) 27 M rechts, wenden, 19 (21) 23 (25) 27 M links (ohne Wende-M). Das Garn trennen.

Von der rechten äußeren Kante 22 (24) 27 (29) 31 M nach innen zählen. In einer Hin-R bei der 23. (25.) 28. (30.) 32. M Fb 1 ansetzen. 27 (29) 31 (33) 35 M rechts, wenden, 27 (29) 31 (33) 35 M links (ohne Wende-M). Das Garn trennen.

Mit Fb 2 je 1 weitere Hin- und Rück-R str. In der Hin-R die 34. und 35. (37. und 38.) 41. und 42. (44. und 45.) 47. und 48. M rechts zusstr.

Mit Fb 1 über 34 (37) 41 (44) 47 M rechts str.

Nun den Punkt, an dem sich der Arbeitsfaden befindet, als Scheitelpunkt nehmen und das Panel aufeinanderklappen. Das Garn großzügig trennen, sodass ca. 60 cm Arbeitsfaden übrig ist und die M mit dem Maschenstich abk (siehe Seite 11). Da nur die halbe R in Fb 1 gestrickt wurde, ist die Abkettnaht am Ende völlig unsichtbar.

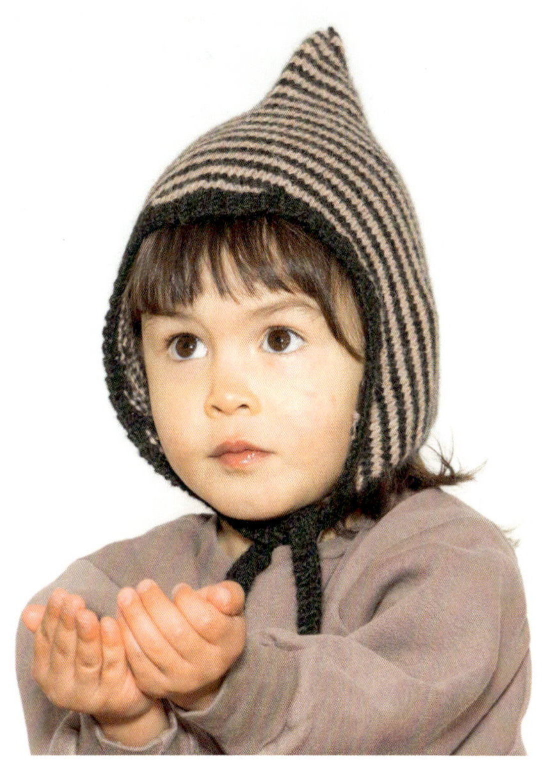

BINDEBÄNDER UND NACKENBÜNDCHEN

Mit Nd 3,5 mm 47 (51) 57 (61) 65 M mit dem italienischen M-Anschlag anschl (siehe Seite 8). Darauf achten, dass die 1. angeschlagene M nach der Anfangsschlaufe eine linke M ist. In der Verlängerung entlang des Nackens 53 (59) 65 (71) 75 M aufnehmen. Das Strickstück beiseitelegen.

Mit einer anderen Nd 3,5 mm nochmals 47 (51) 57 (61) 65 M mit dem italienischen M-Anschlag anschl. Darauf achten, dass die 1. angeschlagene M nach der Anfangsschlaufe eine linke M ist.

Arbeit wenden und in einer Rück-R wie folgt str:
1 M rechts, *1 M wie zum Linksstr mit Faden hinter der Arbeit abh, 1 M links*; von * bis * fortlaufend wdh; über die entlang des Nackens aufgenommenen M im verdrehten Rippenmuster str (1. und letze M = rechte M); über die angeschlagenen M *1 M links, 1 M wie zum Linksstr mit Faden hinter der Arbeit abh*; von * bis * fortlaufend wdh bis 1 M vor R-Ende, 1 M rechts.
Nun im gedrehten Rippenmuster über 4 (4) 4 (4) 6 R fortfahren. Das Garn nicht trennen.

Die folgende Rück-R als Vorbereitungs-R vor dem Abk str: RM *1 M wie zum Linksstr mit Faden vor der Arbeit abh, 1 M rechts*; von * bis * wdh bis 2 M vor R-Ende, 1 M wie zum Linksstr mit Faden vor der Arbeit abh, RM.

Alle M italienisch abk (siehe Seite 13).

Alle losen Fäden vernähen und das Mützchen für eine optimale Passform und ein ebenmäßiges M-Bild waschen und spannen.

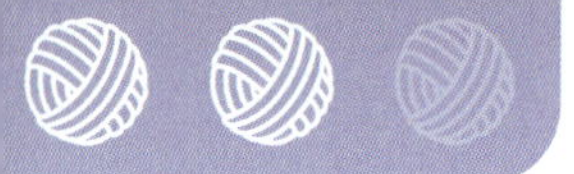

SIERRA

Bonnet

MATERIAL

- Pascuali, 6/28 Cashmere (100 % Cashmere, LL 112 m/25 g), 100 (120) 130 (140) 150 m

oder

- Pascuali, Saffira (75 % Schurwolle, 25 % Seide, LL ca. 200 m/50 g), 100 (120) 130 (140) 150 m
- Rundstricknadel 3,0 mm, 40 oder 60 cm lang
- 2 Rundstricknadeln 2,5 mm, 100 oder 120 cm lang
- Häkelnadel 3,0 mm (optional)
- Wollnadel
- Maschenmarkierer

GRÖßEN

1 (2) 3 (4) 5

Dies entspricht einem Kopfumfang von 35–38 (38–42) 42–46 (46–49) 49–52 cm in den Alterskategorien 0–3 Monate (3–6 Monate) 6–12 Monate (1–2 Jahre) 2–4 Jahre.

GRUNDMUSTER

Lochmuster in Reihen:

1. R (Rück-R): RM, alle M links str, RM (die U werden ebenfalls links gearbeitet).

2. R (Hin-R): RM, *4 M rechts, 2 M rechts zusstr, 1 U, 2 M rechts*; von * bis * fortlaufend wdh bis 5 M vor R-Ende, 4 M rechts, RM.

3. R (Rück-R): Wie die 1. R str.

4. R (Hin-R): RM, *6 M rechts, 1 U, 2 M rechts verschr zusstr; von * bis * fortlaufend wdh bis 5 M vor R-Ende, 4 M rechts, RM.

Glatt rechts in Reihen:

1. R (Hin-R): RM, alle M rechts str, RM.

2. R (Rück-R): RM, alle M links str, RM.

RM werden immer rechts gestrickt, außer es ist in der Anleitung anders angegeben.
Es entsteht ein Knötchenrand.

MASCHENPROBE

Mit Nd 3,0 mm Lochmuster 31 M und 41 R = 10 x 10 cm (nach dem Waschen und Spannen).

STRICKWEISE

Das Bonnet wird vom Gesicht aus Richtung Nacken gearbeitet und ist dabei komplett nahtlos.

Es wird mit der Kante ums Gesicht begonnen und in R nach hinten gestrickt. Das entstehende rechteckige Panel läuft über die Seiten und den Kopf oben. Der Hinterkopf wird geformt, indem die mittleren M des Panels weitergestrickt werden und jeweils mit den M der Seiten R für R zusammengestrickt werden. Am Ende bleiben nur die M am Nacken offen. Die Umrandung wird als doppelter Rand glatt rechts gearbeitet und an das Bonnet direkt angestrickt.

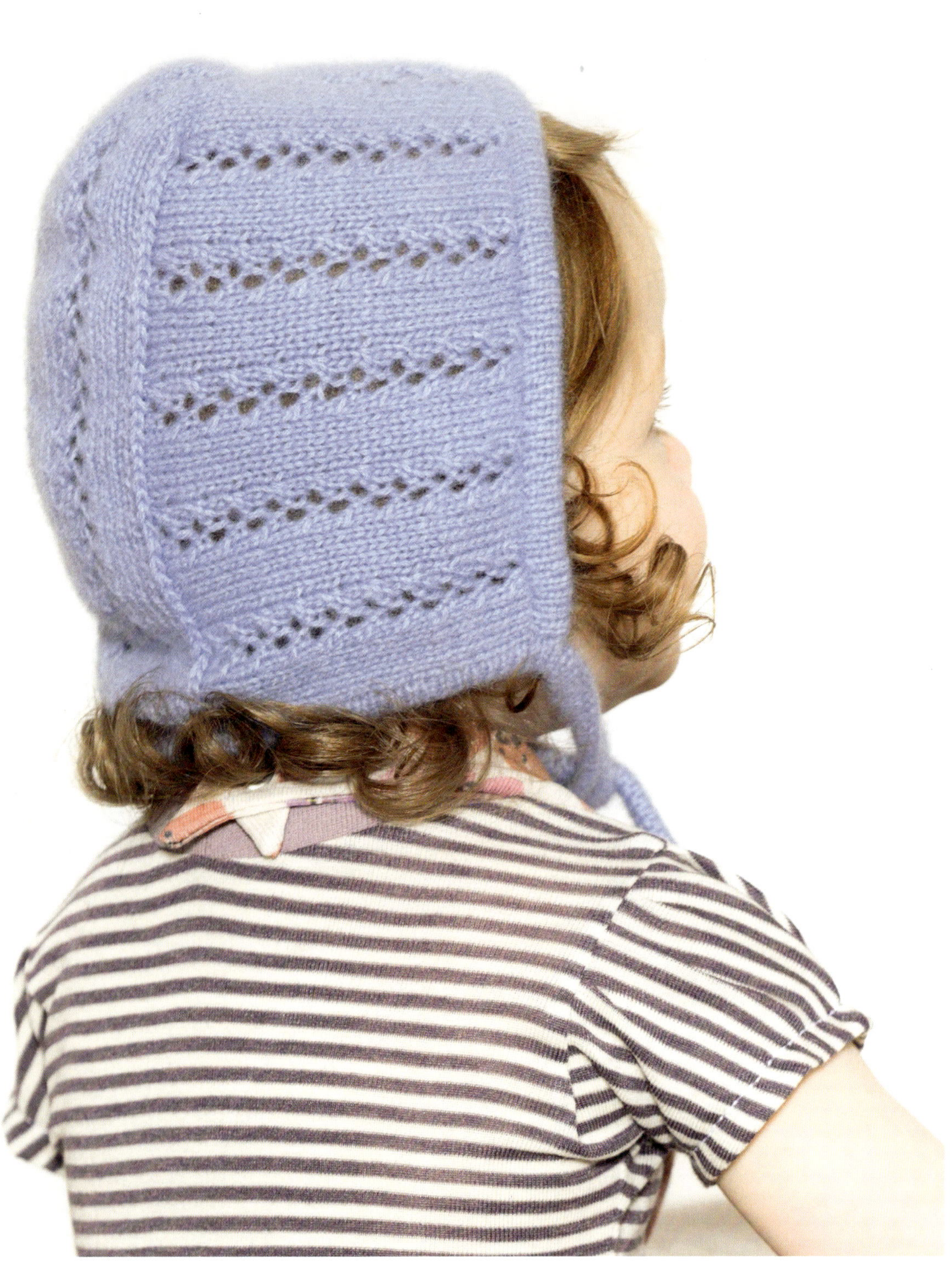

ANLEITUNG

Mit Nd 3,0 mm 86 (94) 102 (110) 118 M anschl. Mit der 1. R im Lochmuster beginnen – hier sind die U noch nicht vorhanden. Im Lochmuster in R str, bis die Arbeit 7,5 (8,5) 10 (12) 13,5 cm misst. Mit einer 1. R enden, sodass eine Rück-R als letzte R gearbeitet wurde.
Das Garn trennen.

Nun 33 (33) 41 (41) 41 M von der linken auf die rechte Nd heben. Das Garn bei der 34. (34.) 42. (42.) 42. M in der R neu ansetzen und wie folgt str:

1. R (Hin-R): Im Lochmuster über 19 (27) 19 (27) 35 M str, 1 M wie zum Rechtsstr mit Faden hinter der Arbeit abh, 1 M rechts, abgehobene M überz, Arbeit wenden.

2. R (Rück-R): 1 M wie zum Linksstr mit Faden vor der Arbeit abh, 18 (26) 18 (26) 34 M links str, 2 M links zusstr, wenden.

3. R (Hin-R): 1 M wie zum Rechtsstr mit Faden hinter der Arbeit abh, 18 (26) 18 (26) 34 M im Lochmuster str, 1 M wie zum Rechtsstr mit Faden hinter der Arbeit abh, 1 M rechts, abgehobene M überz, Arbeit wenden.

Nun die 2. und 3. R im Wechsel str, bis alle M rechts und links des Panels abgearbeitet sind und nur noch 20 (28) 20 (28) 36 Nacken-M übrig sind. Diese M stilllegen, indem sie einfach auf der Arbeits-Nd bleiben. Sie werden später in die Nackenblende mit eingearbeitet. Das Garn trennen.

UMRANDUNG GESICHT

Mit Nd 2,5 mm entlang des Gesichts aus der Anschlagkante M aufnehmen. Der Aufnahmemodus entspricht dabei 1 M pro rechte M und 3 M pro 4 M des Lochmusterstücks, sodass 76 (83) 90 (97) 104 M aufgenommen werden.

9 R glatt rechts in R str. Die letzte R ist eine Rück-R.

Den Rand nach innen umschlagen, sodass er doppelt liegt. Die M mit einer Häkel-Nd 3,0 mm mit Km an der Aufnahmekante befestigen (siehe Seite 56). Alternativ können die M auch lose abgekettet werden und die Abkettkante anschließend an der Aufnahmekante angenäht werden.

NACKENBLENDE & BINDEBÄNDER

Die Bänder zum Schließen des Bonnets sowie die Blende für den Nacken werden in einem Schritt gearbeitet.

Mit Nd 2,5 mm entlang der linken Seite 23 (26) 31 (37) 42 M aufnehmen (dies entspricht 3 M pro 4 M), und dann entlang der stillgelegten Nacken-M wie folgt str:

4 M rechts, 2 M rechts zusstr, 2 M rechts zusstr; von * bis * fortlaufend wdh bis 4 M vor R-Ende, 4 M rechts.

Entlang der rechten Seite 23 (26) 31 (37) 42 M aufnehmen.

Es befinden sich damit 62 (74) 78 (96) 112 M auf der Nd. Das Garn trennen.

Mit Nd 2,5 mm mit Judys magischem M-Anschlag (siehe Seite 12, alternativ mit dem provisorischen M-Anschlag und einem extra Faden siehe Seite 10) 52 (52) 62 (62) 62 M pro Nd anschl. Die M ergeben nach dem Waschen und Spannen ein Band von ca. 16,5/20 cm Länge.
Soll das Bindeband länger oder kürzer werden, kann sich an 3 M = ca. 1 cm orientiert werden.

Nach dem M-Anschlag die angeschlagenen M auf der Nd um 180 Grad drehen und die untere Nd durchziehen, sodass die M auf dem Seil liegen. Die M der oberen Nd rechts abstr. In der Verlängerung über die aufgenommmen M der linken Seite bis 1 M vor Ende der aufgenommenen M str, 2 M rechts zusstr, über die Nacken-M bis 1 M vor Ende dieser rechts str, 2 M rechts zusstr, über die aufgenommenen M der rechten Seite bis Ende str. Das Garn nicht trennen.

Aus der Mitte des Garnknäuels (oder falls mehr als 1 Knäuel vorhanden ist, mit einem 2. Knäuel) auf einer 2. Nd 2,5 mm nochmals mit Judys magischem M-Anschlag (alternativ mit dem provisorischen M-Anschlag) die gleiche Anzahl M wie für das 1. Bindeband anschl.
Achtung: Sollte von der M-Angabe in der Anleitung abgewi-

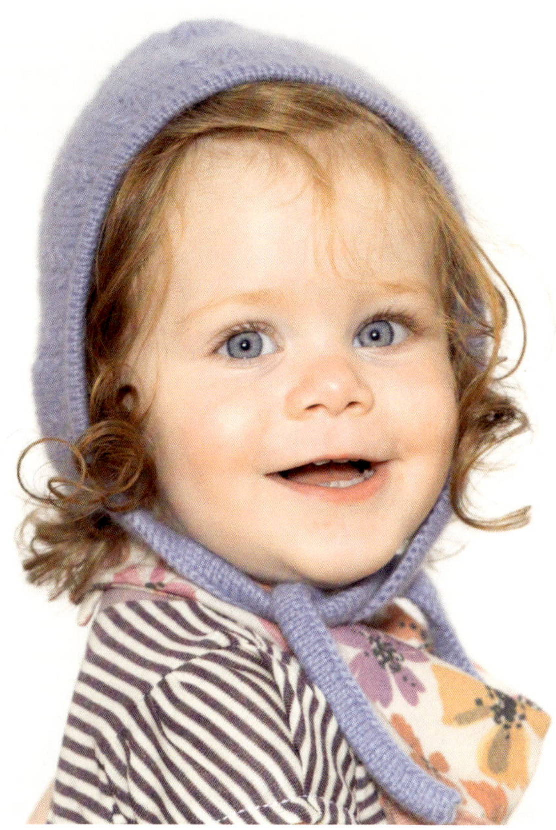

chen worden sein, bitte die geänderte Anzahl anschl.

Nach dem M-Anschlag das Garn trennen. Die angeschlagenen M auf der Nd ebenfalls um 180 Grad drehen und die untere Nadel durchziehen, sodass die M auf dem Seil liegen. Die M der oberen Nd nun mit dem Arbeitsfaden vom Nackenband direkt anstricken, indem die M rechts abgestrickt werden.

Anschließend glatt rechts in R (es folgt eine Rück-R) arb, bis 9 R gestrickt wurden. Die letzte R ist eine Rück-R. Die M der Anschlagkante und die offenen M des linken Bindebands auf der Nd mit der 3-Nadel-Technik abk (siehe Seite 14). Die M des Nackens mit einer Häkel-Nd 3,0 mm mit Km an der Aufnahmekante befestigen. (Alternativ können die M auch normal abgekettet werden und später an die Aufnahmekante angenäht werden.) Die M der Anschlagkante und die offenen M des rechten Bands ebenfalls mit der 3-Nadel-Technik abk.

Alle losen Fäden vernähen. Die seitliche Öffnungen am Ende des Bands mit unsichtbaren Stichen mit der Woll-Nd schließen. Das Bonnet für eine optimale Passform und ein ebenmässiges M-Bild waschen und spannen.

YETI

Balaclava

MATERIAL

- Buttinette, Tirol (100 % Schurwolle, LL 250 m/100 g)
- Lana Grossa, Silkhair (70 % Mohair, 30 % Seide, LL 210 m/25 g)

  je 150 (165) 180 (195) 205 m
- Für die Umrandung/Bommel: Sandnes, Sunday (100 % Merinowolle, LL 235 m/50 g), ca. 38 (43) 46 (49) 52 m
- Rundstricknadel 3,5 mm, 60 cm lang
- Nadelspiel 3,5 mm
- Rundstricknadel 2,5 mm, 40 cm lang
- Häkelnadel 3,0 mm
- Wollnadel
- Maschenmarkierer
- Zirkel, Bleistift, Karton, Schere

GRÖßEN

1 (2) 3 (4) 5

Dies entspricht einem Kopfumfang von 35–38 (38–42) 42–46 (46–49) 49–52 cm in den Alterskategorien 0–3 Monate (3–6 Monate) 6–12 Monate (1–2 Jahre) 2–4 Jahre.

GRUNDMUSTER

Patentmuster in Reihen:

1. R (Start-R): RM, *1 M rechts, 1 U und 1 M wie zum Linksstr abh*; von * bis * wdh bis 2 M vor R-Ende, 1 M rechts, RM.

2. R (Hin-R): RM, *1 U und 1 M wie zum Linksstr abh, U und M (= Patent-M) rechts zusstr*; von * bis * wdh bis 2 M vor R-Ende, 1 U und 1 M wie zum Linksstr abh, RM.

3. R (Rück-R): RM, * U und M (= Patent-M) rechts zusstr, 1 U und 1 M wie zum Linksstr abh*; von * bis * wdh bis 2 M vor R-Ende, U und M (= Patent-M) rechts zusstr, RM.

Die 2.–3. R fortlaufend wdh.

Patentmuster in Runden:

1. Rd: *1 U und 1 M wie zum Linksstr abh, U und M (= Patent-M) links zusstr*; von * bis * fortlaufend wdh.

2. Rd: *U und M (= Patent-M) rechts zusstr, 1 U und 1 M wie zum Linksstr abh*; von * bis * fortlaufend wdh.

Glatt rechts in Runden:

Alle M werden als rechte M gearbeitet.

RM werden in Hin- und Rück-R als rechte M gearbeitet. Es entsteht ein Knötchenrand.

MASCHENPROBE

Mit Nd 3,5 mm im Patentmuster 17 M und 46 R = 10 x 10 cm (nach dem Waschen und Spannen).

STRICKWEISE

Die Balaclava wird von unten nach oben nahtlos gestrickt.

Zuerst werden Vorder- und Rückteil in R separat gearbeitet, bevor zur Rd geschlossen wird. Es wird bis zum Ausschnitt für das Gesicht in Rd gearbeitet. Der Ausschnitt fürs Gesicht wird durch das Abketten und Neuanschlagen von M geformt. Das obere Kopfteil wird anschließend wieder in Rd gestrickt und die Mützenspitze durch Abnahmen geformt.

Der untere Rand sowie der Ausschnitt fürs Gesicht werden mit einer glatt rechts gestrickten doppelten Kante umrandet. An der Mützenspitze wird ein Bommel angebracht, maßgeblich, um die Abkettkante zu verdecken.

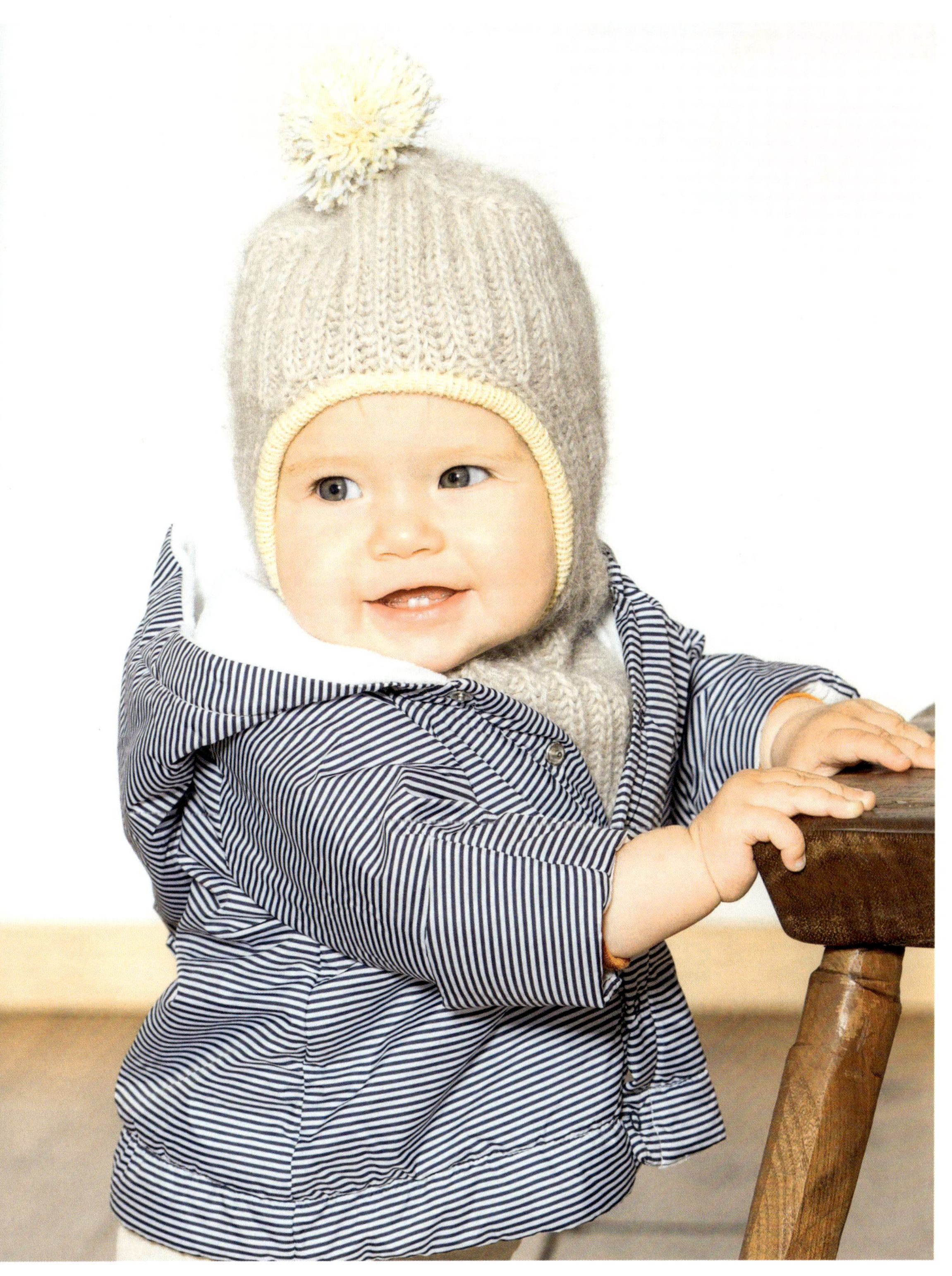

ANLEITUNG

VORDERTEIL

Mit Nd 3,5 mm 13 (13) 17 (17) 21 M anschl.

Mit der Start-R im Patentmuster beginnen und in R str, bis 11 (11) 13 (15) 15 R gearbeitet wurden. Mit einer Rück-R enden.

In der folgenden Hin-R M wie folgt zun:

1. R: RM, 1 U und 1 M wie zum Linksstr abh, 1 M zun, im Patentmuster bis 3 M vor R-Ende, 1 M zun, 1 U und 1 M wie zum Linksstr abh, RM.

2.–12. R: Im Patentmuster in Rück-R und Hin-R str.

Die 1.–12. R noch 1 (1,5) 1,5 (1,5) 1,5 x wdh (1,5 x wdh = bei der letzten Wdh nur noch bis zur 6. R str). Es befinden sich 21 (25) 29 (29) 33 M auf der Nd.
Das Garn trennen.

RÜCKTEIL

Mit Nd 3,5 mm 13 (15) 17 (19) 21 M anschl.

Mit der Start-R im Patentmuster beginnen und in R str, bis 9 (13) 15 (17) 19 R gearbeitet wurden. Mit einer Rück-R enden.

In der folgenden Hin-R M wie folgt zun:

1. R: RM, 1 U und 1 M wie zum Linksstr abh, 1 M zun, im Patentmuster bis 3 M vor R-Ende, 1 M zun, 1 U und 1 M wie zum Linksstr abh, RM.

2.–16. R: Im Patentmuster in Rück-R und Hin-R str.

Die 1.–16. R noch 1,5 (1,5) 1,5 (1,5) 1,5 x wdh (1,5 x wdh = bei der letzten Wdh nur noch bis zur 8. R str). Es befinden sich 25 (27) 29 (31) 33 M auf der Nd. Das Garn nicht trennen.

HALS

Nun werden Vorder- und Rückteil miteinander verbunden und zur Rd geschlossen:

1 M wie zum Linksstr abh, alle M des Rückteils im Patentmuster bis 1 M vor Ende str; die letzte M (= RM) mit der 1 M des Vorderteils (= RM) rechts zusstr; über alle M des Vorderteils im Patentmuster bis 1 M vor Ende str; die letzte M (= RM) mit der abgehobenen M des Rückteils rechts zusstr.

MM setzen zur Markierung des Rd-Beginns. Es befinden sich nun 44 (50) 56 (58) 64 M auf der Nd.

15 (17) 19 (21) (25) Rd im Patentmuster str (dies entspricht ca. 3,5 (4) 4,5 (5) (5,5) cm). Mit einer 2. Rd enden.

In der folgenden Rd über 33 (37) 41 (43) 47 M im Patentmuster str; die folgende M (= rechte Patent-M) verdoppeln, d.h. keinen U str, sondern die M rechts str, auf der linken Nd lassen und nochmals durch das hintere M-Glied rechts verschränkt str; bis zum Ende der R im Patentmuster str.
Das Garn trennen.

KOPF

Das Garn bei der verdoppelten M zwischen beiden M neu ansetzen. Es wird nun wieder in R gestrickt, um die Gesichtsöffnung zu formen.

Es folgt eine Hin-R mit Abn. Die Abn werden in jeder 5. Hin-R gearbeitet.

Die Abn-R werden wie folgt gestrickt:

1. R: RM, 1 U und 1 M wie zum Linksstr abh, doppelte Abn links geneigt, im Patentmuster bis 5 M vor R-Ende str, doppelte Abn rechts geneigt, 1 U und 1 M wie zum Linksstr abh, RM.

2.–8. R: Im Patenmuster in R arb.

Die 1.–8. R arb, bis insgesamt 2 (3) 3 (3) 4x auf jeder Seite abgenommen wurde. Es befinden sich nun 37 (39) 45 (47) 49 M auf der Nd.

Anschließend nach der letzten Abn-R weitere 33 (33) 37 (39) 41 R im Patenmuster str (dies entspricht ca. 7 (7) 8 (8,5) 9 cm). Mit einer 1. R enden.

Nun wieder Zun arb.

Für Größe 1:

1. R: RM, 1 U und 1 M wie zum Linksstr abh, 1 M zun, im Patentmuster bis 3 M vor R-Ende str, 1 M zun, 1 U und 1 M wie zum Linksstr abh, RM.

2.–3. R: Im Patentmuster in R arb.

Es befinden sich 41 (–) – (–) – M auf der Nd.

Für die Größen 2–5:

1. R: RM, 1 U und 1 M wie zum Linksstr abh, 1 M zun, im Patentmuster bis 3 M vor R-Ende str, 1 M zun, 1 U und 1 M wie zum Linksstr abh, RM.

2.–8. R: Im Patentmuster in R arb.

Noch 1 Zun-R und die 2.–3. R im Patentmuster arb.

Es befinden sich – (47) 53 (55) 57 M auf der Nd.

Nun für die Spitze die Mütze wieder zur Rd schließen.

Dazu nach der 3. R in der Verlängerung 5 (5) 5 (5) 9 M mit dem Schlinganschlag anschl (siehe Seite 11). Es befinden sich damit 46 (52) 58 (60) 66 M auf der Nd. MM setzen.
Es folgt eine 2. Rd.

Nun 15 (17) 19 (21) 23 Rd im Patentmuster arb (dies entspricht ca. 3 (3,5) 4 (4,5) 5 cm).

In der letzten 2. Rd MM für die Abn setzen:

7 (9) 11 (11) 11 M im Patentmuster, MM setzen, 3 M für alle Größen im Patentmuster, MM setzen, 21 (23) 25 (27) 29 M im Patentmuster, MM setzen, 3 M für alle Größen im Patentmuster, MM setzen, 12 (14) 16 (16) 20 M im Patentmuster.

Es folgen Abn, die in einer 2. Rd des Grundmusters gestrickt werden:

Abn-Rd: *Im Patentmuster bis 3 M vor MM str, *doppelte Abn rechts geneigt, MM abh, 3 M im Patentmuster str, MM abh, doppelte Abn links geneigt*; von * bis * fortlaufend wdh, nach letzter Abn bis Rd-Ende str.

3 Rd im Patentmuster ohne Abn str.

Diese 4 Rd noch 3 (4) 4 (5) 5x str. Es befinden sich 14 (12) 18 (12) 18 M auf der Nd.

HINWEIS

Es wird an einem bestimmten Punkt über den Rd-Beginn abgenommen. MM dafür entfernen und am besten in die Abn setzen, um den Rd-Beginn weiterhin im Blick zu haben. Nachfolgend wird die letzte Abn der Rd jeweils in der neuen Rd gemacht, sprich in einer 1. Rd des Grundmusters.

In der folgenden Rd stets 2 M rechts zusstr. Es befinden sich noch 7 (6) 9 (6) 9 M auf der Nd.

Mütze auf links drehen und übrige M gleichmäßig auf 2 Nd 3,5 mm aus dem Nd-Spiel aufteilen. Bei ungerader M-Anzahl auf 1 Nd 1 M mehr nehmen. Mit der 3-Nadel-Technik die M abk (siehe Seite 14), indem immer 2 M (1 M pro Nd) rechts zus gestrickt werden und die vorherige über die zuletzt gestrickte gezogen wird. Bei ungerader M-Anzahl zu Beginn oder am Ende 3 M rechts zusstr.

UMRANDUNG MIT DOPPELT GELEGTEM RAND

Die Umrandung wird am unteren Ende sowie am Ausschnitt fürs Gesicht auf gleiche Weise gearbeitet.

Mit Nd 2,5 mm für die Umrandung am Gesicht ca. 130 (140) 150 (160) 170 M aufnehmen, beginnend am Kinn.

Der Aufnahmemodus entspricht 4 M pro 3 M und R. Glatt rechts in Rd str, bis insgesamt 8 Rd gearbeitet wurden. M mit einer Häkel-Nd 3,0 mm mit Km abk und so an der Aufnahmekante befestigen (siehe Seite 56).

Alternativ die M lose abketten und die Abkettkante anschließend an der Aufnahmekante annähen.

Für die untere Kante ca. 185 (215) 230 (245) 260 M aufnehmen, beginnend am rechten oder linken Ohr und ebenso wie bei der Gesichtsumrandung verfahren.

BOMMEL

Mit einem Zirkel einen Kreis von 6 cm Durchmesser auf Pappkarton zeichnen. Einen 2. kleineren Kreis von 4 cm Durchmesser ins Innere des großen Kreises zeichnen, sodass der Abstand 2 cm beträgt. Den inneren Kreis ausschneiden, dazu kann der Ring gerne aufgeschnitten werden, da durch diese Schnittstelle später die Wolle ins Innere des Rings gefädelt werden kann. Einen zweiten Pappring auf gleiche Weise herstellen.

Die beiden Ringe aufeinanderlegen und mit Wolle umwickeln, bis der innere Kreis komplett mit Wolle geschlossen ist. Wenn die Bommel zweifarbig sein soll, die

Garne abwechselnd um den Ring wickeln. Rings um die Außenkante des Rings die Wolle aufschneiden. Da der innere Kreis mit Wolle gefüllt ist, werden die einzelnen Fäden nicht herausfallen. Faden zwischen die beiden Pappringe einfädeln, zusammenziehen und gut verknoten, anschliessend die Pappringe entfernen. Die Bommel kann nun noch zurechtgeschnitten werden, bevor sie auf die Abkettkante an der Mützenspitze gesetzt und angenäht wird. Die Bommel sollte die Abkettkante gut verdecken.

Alle losen Fäden vernähen. Die Balaclava für eine optimale Passform und ein ebenmässiges M-Bild waschen und spannen.

DOPPELT GELEGTEN RAND MIT KETTMASCHEN BEFESTIGEN

1

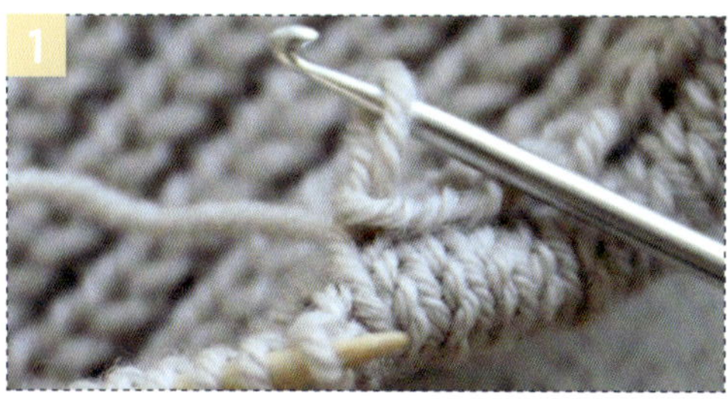

Am Rd-Beginn starten. Die 1. M des Rd-Beginns auf die Häkel-Nd heben. Die Mütze liegt mit der Außenseite zugewandt. Die Häkel-Nd in der gleichen R oberhalb in die Anschlagkante einführen, den Faden durchholen und durch die M, die schon auf der Häkel-Nd sitzt, ziehen. Es hat sich eine neue M auf der Häkel-Nd gebildet.

2

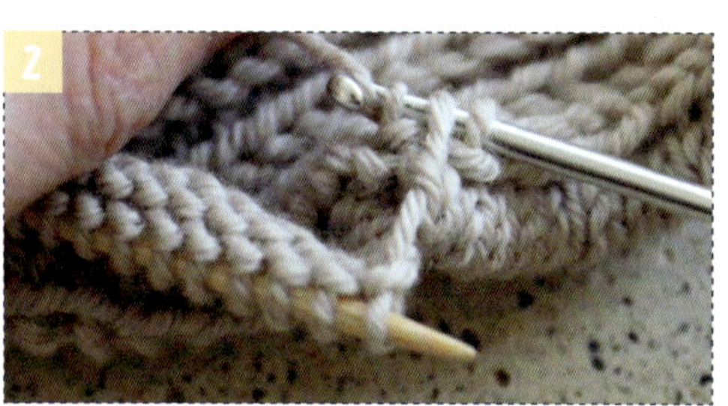

Die nächste M von der Strick-Nd auf die Häkel-Nd holen, sodass 2 M auf der Häkel-Nd liegen.

3

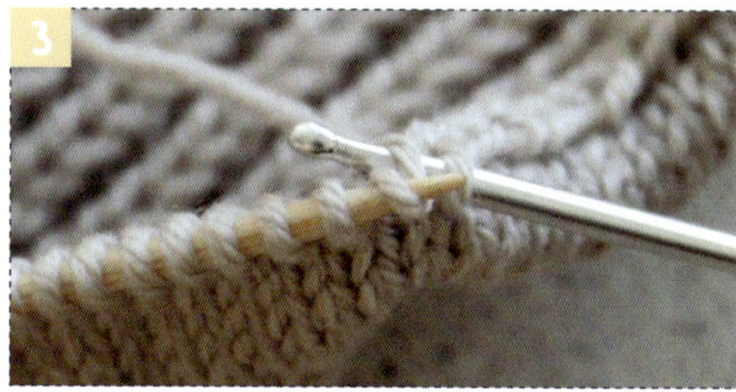

Mit der Häkel-Nd wieder in die R der vorderen M oberhalb in die Anschlagkante einstechen, den Faden durchholen. Den Faden dann durch die beiden M auf der Häkel-Nd ziehen. Es hat sich wieder eine neue M gebildet. Den Vorgang bis zum Rd-Ende wdh.

4 Nach dem Abhäkeln der letzten M den Faden durch die M ziehen und vernähen. Für einen möglichst unsichtbaren Übergang zum Rd-Beginn den Faden von links nach rechts durch die 1. Km ziehen und am Ausgangspunkt des Fadens einstechen, dann vernähen.

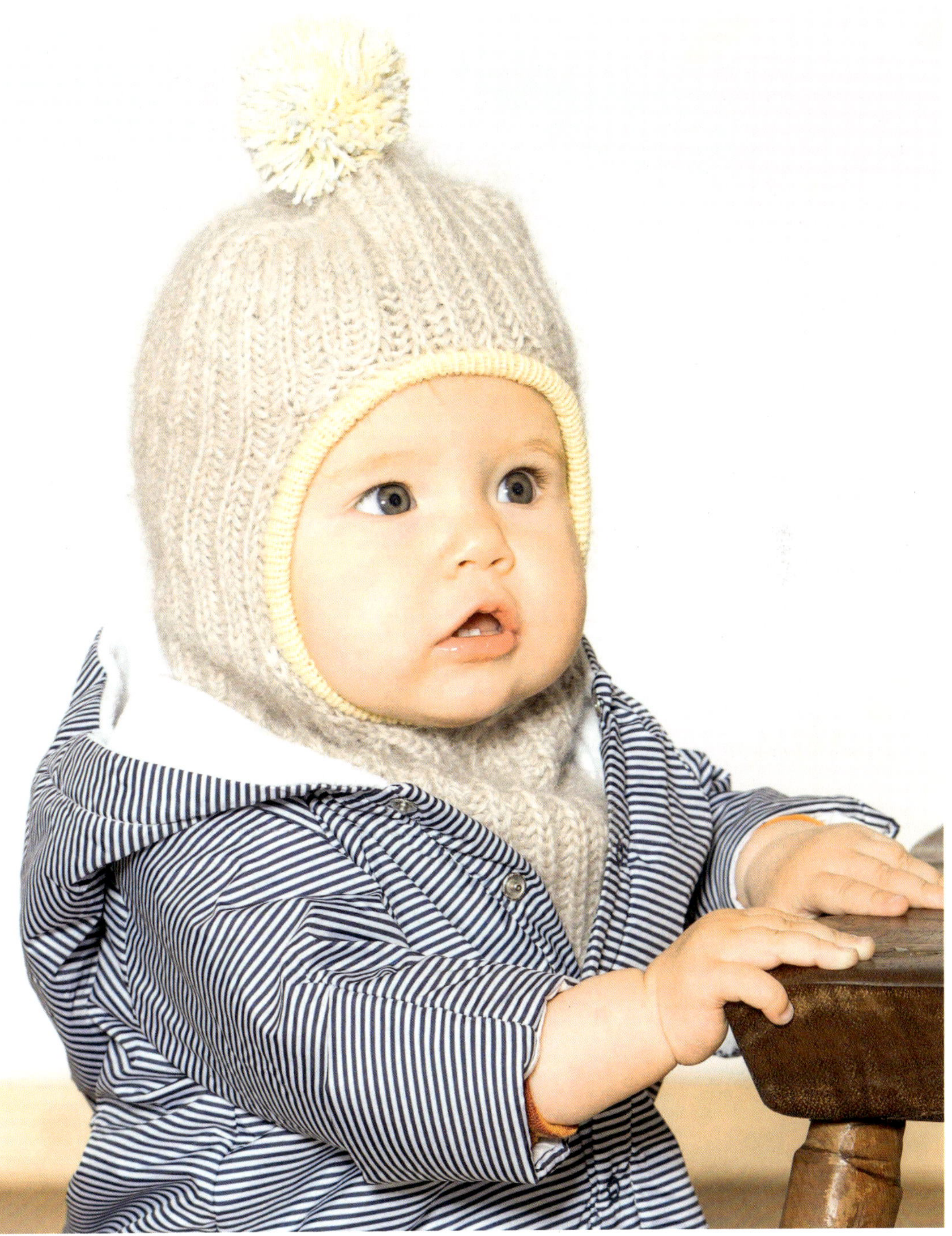

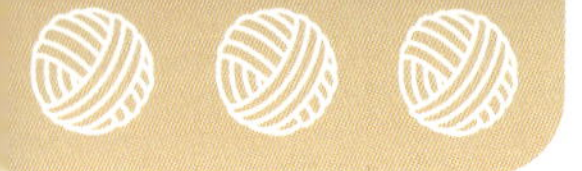

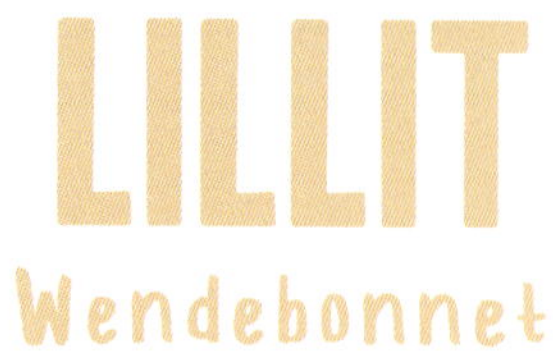

LILLIT

Wendebonnet

MATERIAL

- Isager, Eco Baby (68 % Baby Alpaca, 32 % Baumwolle, LL 150 m/50 g), 85 (90) 100 (110) 115 m
- Rundstricknadel 4,0 mm, 40 oder 60 cm lang
- Rundstricknadel 3,0 mm, 40 cm lang, oder Nadelspiel
- Wollnadel
- Maschenmarkierer

GRÖßEN

1 (2) 3 (4) 5

Dies entspricht einem Kopfumfang von 35–38 (38–42) 42–46 (46–49) 49–52 cm in den Alterskategorien 0–3 Monate (3–6 Monate) 6–12 Monate (1–2 Jahre) 2–4 Jahre.

GRUNDMUSTER

Glatt links in Reihen:

1. R (Hin-R): RM, alle M links str bis 1 M vor R-Ende, RM.

2. R (Rück-R): RM, alle M rechts str bis 1 M vor R-Ende, RM.

Glatt rechts in Reihen:

1. R (Hin-R): RM, alle M rechts str bis 1 M vor R-Ende, RM.

2. R (Rück-R): RM, alle M links str bis 1 M vor R-Ende, RM.

RM am R-Beginn wie zum Linksstr mit Faden vor der Arbeit abh und am R-Ende rechts str. Es entsteht ein Kettrand.

MASCHENPROBE

Mit Nd 4,0 mm glatt links 26 M und 39 R = 10 x 10 cm (nach dem Waschen und Spannen).

STRICKWEISE

Zuerst werden die Seitenpanele des Bonnets separat gestrickt. Die Form entsteht durch Zun und Abn und verkürzte R. Das Mittelpanel wird anschließend gestr und wird so gearbeitet, dass die Seitenpanele direkt mit angestrickt werden.

Die Abschlüsse bilden I-Cord Kanten. Zuerst wird die Kante ums Gesicht und anschließend die Bindebänder und die Nackenblende in einem Schritt gestrickt.

Das Bonnet ist mit der glatt linken Seite als Trageseite konzipiert. Durch die Arbeitsweise sind alle Seiten und Kanten für den sichtbaren Gebrauch gearbeitet und entsprechend ist das Bonnet wendbar, kann also auch mit der glatt rechten Seite nach außen getragen werden.

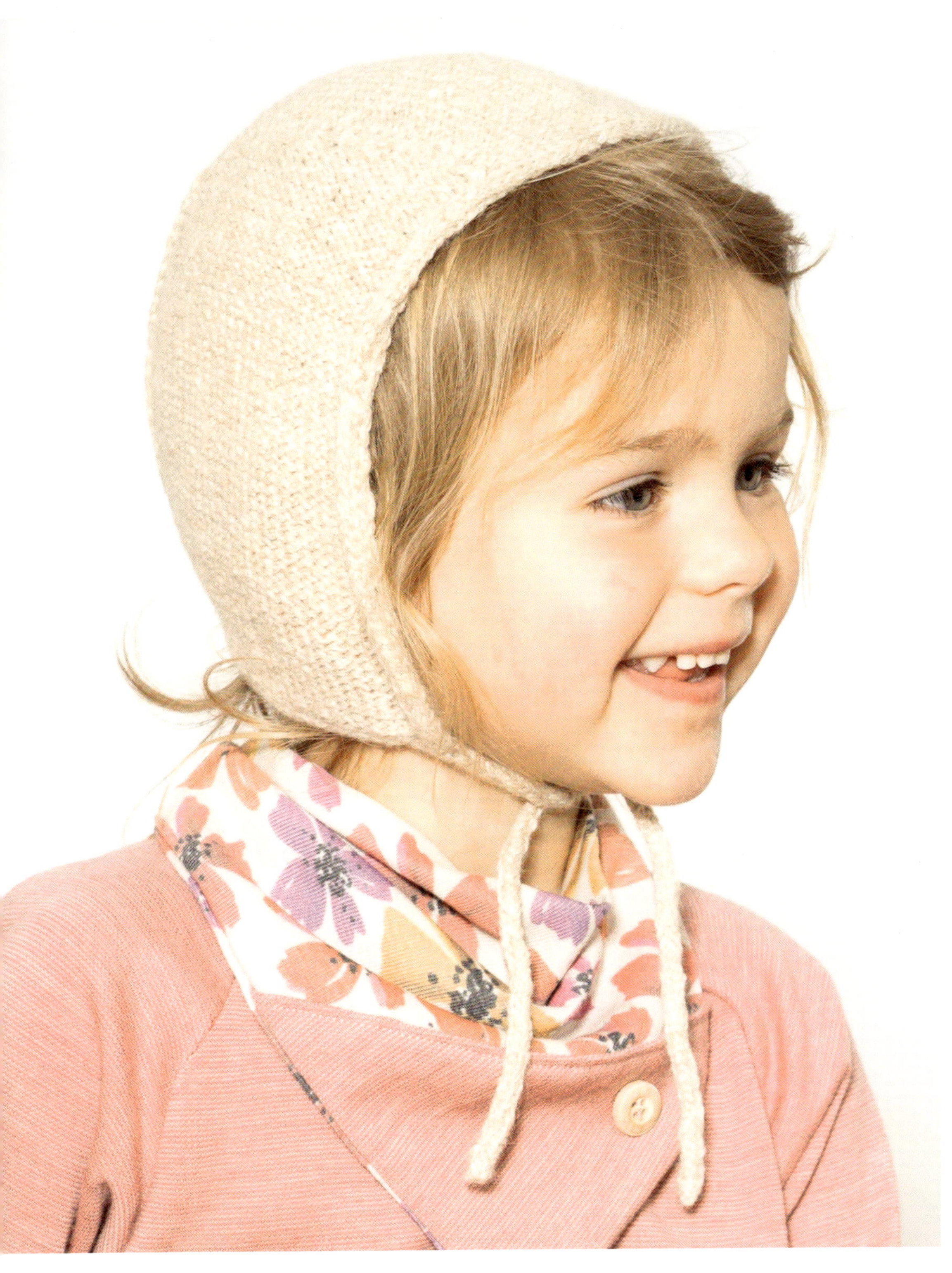

ANLEITUNG

RECHTES SEITENPANEL

Mit Nd 4,0 mm 22 (24) 26 (28) 30 M anschl. 2 R glatt links str.

Nun M wie folgt zun:

1. R (Hin-R): RM, alle M links str bis 1 M vor R-Ende, 1 linke M linksgeneigt zun, RM.

2. R (Rück-R): RM, alle M rechts str bis 1 M vor R-Ende, RM.

Die 1.–2. R noch 1 (1) 2 (2) 2x wdh. Es befinden sich 24 (26) 29 (31) 33 M auf der Nd. Glatt links in R str, bis die Arbeit 7,5 (8,5) 9,5 (10) 10,5 cm ab der Anschlagkante misst.

Nun M wie folgt abn:

1. R (Hin-R): RM, alle M links str bis 3 M vor R-Ende, 2 M links zusstr, RM.

2.–4. R: Glatt links str.

Die 1.–4. R noch 1 (1) 1 (2) 2x wdh.
Dann die 1.–2. R (d.h. in jeder Hin-R eine Abn-R str) insgesamt noch 2 (2) 3 (3) 3x str. Es befinden sich 20 (22) 24 (25) 27 M auf der Nd. Mit einer Rück-R enden.

Es folgen verkürzte R (siehe Seite 15) zur Formung der Panelspitze:
RM, alle M links bis 2 M vor R-Ende, wenden, alle M rechts bis zum Ende der R, wenden, *RM, alle M links bis 3 M vor letzter Wendung, wenden, alle M rechts bis zum Ende der R, wenden*; von * bis * noch 2 (3) 3 (3) 4x wdh.
Nach der letzten Wendung sind 5 (3) 5 (6) 4 M übrig.

M stilllegen, Garn trennen und mit dem linken Seitenpanel fortfahren.

LINKES SEITENPANEL

Das linke Seitenpanel ist spiegelverkehrt zum rechten Seitenpanel. Damit der Arbeitsvorgang jedoch genau gleich bleibt, wird hier glatt rechts gearbeitet und später die glatt linke Seite als Außenseite ins Strickstück eingefügt.

Mit Nd 4,0 mm 22 (24) 26 (28) 30 M anschl. 2 R glatt rechts str.

Nun M wie folgt zun:

1. R (Hin-R): RM, alle M rechts str bis 1 M vor R-Ende, 1 rechte M linksgeneigt zun, RM.

2. R (Rück-R): RM, alle M links str bis 1 M vor R-Ende, RM.

Die 1.–2. R noch 1 (1) 2 (2) 2x wdh. Es befinden sich 24 (26) 29 (31) 33 M auf der Nd.

Glatt rechts in R str, bis die Arbeit 7,5 (8,5) 9,5 (10) 10,5 cm ab der Anschlagkante misst.

Nun M wie folgt abn:

1. R (Hin-R): RM, alle M rechts str bis 3 M vor R-Ende, 2 M rechts zusstr, RM.

2.–4. R: Glatt rechts str.

Die 1.–4. R noch 1 (1) 1 (2) 2x wdh.
Dann die 1.–2. R (d.h. in jeder Hin-R eine Abn-R str) insgesamt noch 2 (2) 3 (3) 3x str.

Es befinden sich 20 (22) 24 (25) 27 M auf der Nd. Mit einer Rück-R enden.

Es folgen verkürzte R zur Formung der Panelspitze:
RM, alle M rechts bis 2 M vor R-Ende, wenden, alle M links bis zum Ende der R, wenden, *RM, alle M rechts bis 3 M vor letzter Wendung, wenden, alle M links bis zum Ende der R, wenden*; von * bis * noch 2 (3) 3 (3) 4x wdh. Nach der letzten Wendung sind 5 (3) 5 (6) 4 M übrig. Die M stilllegen und das Garn trennen.

Nun zuerst am linken Seitenpanel und anschließend am rechten Seitenpanel je 19 (20) 23 (26) 27 M aufnehmen, dies entspricht 1 M pro R. Die Aufnahme erfolgt jeweils an der kürzeren vertikalen Seite des Panels. Dabei darauf achten, dass die M von der glatt linken Seite aufgenommen werden, d.h. der Kettrand der RM befindet sich anschließend auf der glatt rechten Seite. Dazu am linken Seitenpanel das Garn vom Nacken Richtung offene M an der Panelspitze aufnehmen und am rechten Seitenpanel von den offenen M Richtung Nacken. Die M je Panel werden auf separate Nd aufgenommen, wobei die Nd des rechten Panels anschließend die Arbeits-Nd bildet.

Am linken Seitenpanel das Garn erneut trennen. Nach der Aufnahme am rechten Seitenpanel direkt mit dem Arbeitsgarn weiterarb.

Es befinden sich nun an jedem Panel 39 (42) 47 (51) 54 offene M.

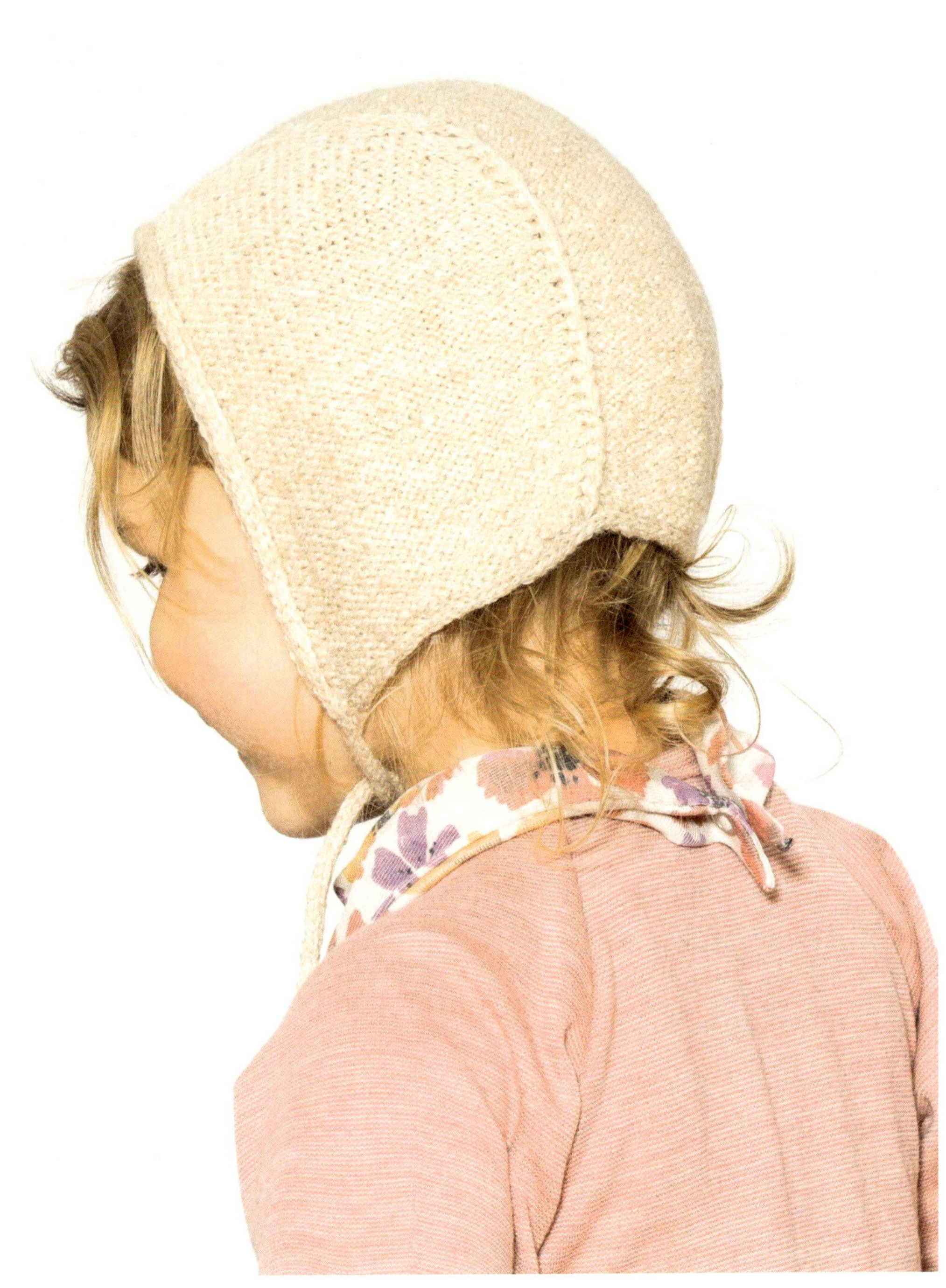

MITTELPANEL

Das Mittelpanel wird direkt an die Seitenpanele angestrickt, indem jeweils am R-Ende 1 M des Mittelpanels mit 1 M der Seitenpanel zusgestrickt wird. Es wird vom Nacken Richtung Stirn gearbeitet.

Mit dem Arbeitsgarn vom rechten Seitenpanel in der Verlängerung 15 (16) 18 (19) 20 M mit dem Schlinganschlag anschl (siehe Seite 11). Und 1 M des linken Seitenpanels rechts str, wenden.

1. R (Rück-R): 1 M wie zum Linksstr mit Faden vor der Arbeit abh, 1 M rechts, abgehobene M über die eben gestr M überz, alle M rechts bis 1 M vor R-Ende, 2 M links zusstr (= 1 M des Mittelpanels und 1 M des Seitenpanels).

2. R (Hin-R): 1 M wie zum Rechtsstr mit Faden hinter der Arbeit abh, 1 linke M links geneigt zun, alle M links bis 1 M vor R-Ende, 1 linke M rechts geneigt zun, 2 M rechts überz.

3. R (Rück-R): 1 M wie zum Linksstr mit Faden vor der Arbeit abh, alle M rechts bis 1 M vor R-Ende, 2 M links zusstr.

Die 2.–3. R noch 1 (1) 1 (2) 2 x wdh. Es befinden sich nun 19 (20) 22 (25) 26 M auf der Nd.

4. R (Hin-R): 1 M wie zum Rechtsstr mit Faden hinter der Arbeit abh, alle M links bis 1 M vor R-Ende, 2 M rechts überz.

5. R (Rück-R): Wie die 3. R str.

Die 4.–5. R fortlaufend arb, bis alle offenen M der Seitenpanele abgearbeitet sind. Im letzten Drittel der Panele befinden sich Doppel-M der verkürzten R.
Die Doppel-M wie 1 M behandeln und beim Zusstr mit der M des Mittelpanels die 3 Schlaufen zusstr. In der letzten Rück-R gleichzeitig alle M abk, die letzten beiden M links zusstr, Faden durchziehen und Garn trennen.

I-CORD-BLENDE UMS GESICHT

Mit Nd 3,0 mm entlang der Gesichtsöffnung 58 (64) 71 (80) 85 M von der glatt linken Seite aus aufnehmen. Dies entspricht 1 M pro R und M. Das Garn trennen.

Das Garn an der rechten Seite der Gesichtsöffnung neu ansetzen und 3 M mit dem aufgestrickten M-Anschlag anschl (siehe Seite 9).

2 M rechts, 2 M rechts verschr zusstr, alle M zurück zur linken Nd-Spitze schieben und erneut 2 M rechts, 2 M rechts verschr zusstr. Vorgang fortlaufend wdh, bis alle M abgearbeitet sind. Zuletzt 2 M rechts zusstr und die verbleibende M überz, den Faden trennen und durchziehen.

I-CORD-NACKENBLENDE UND BINDEBÄNDER

Mit Nd 3,0 mm entlang des Nackens 59 (64) 70 (75) 80 M von der glatt linken Seite aus aufnehmen. Dies entspricht 1 M pro M. Garn trennen.

Mit Nd 3,0 mm 3 M anschl.
Die M rechts abstr und zurück zur linken Nd-Spitze schieben und erneut rechts abstr. Den Vorgang fortlaufend wdh, bis das Band 17 (18) 20 (21) 22 cm misst oder die gewünschte Länge hat.

Nun das I-Cord-Band an die offenen M des Bonnet ansetzen: 2 M rechts, 2 M rechts verschr zusstr (= 1 M des Bands und 1. offene M des Nackens), alle M zurück zur linken Nd-Spitze schieben und erneut 2 M rechts, 2 M rechts verschr zusstr. Den Vorgang forlaufend wdh, bis alle M abgearbeitet sind.

Im Anschluss mit den übrigen 3 M das 2. I-Cord-Band arb.
Die M rechts abstr und zurück zur linken Nd-Spitze schieben und erneut rechts abstr. Vorgang fortlaufend wdh, bis das Band 17 (18) 20 (21) 22 cm misst oder die gewünschte Länge hat.

Alle losen Fäden unsichtbar vernähen, da das Bonnet wendbar ist. Das Bonnet für eine optimale Passform und ein ebenmäßiges M-Bild waschen und spannen.

ÜBER DIE AUTORIN

Steffi Haberkern ist ein nachhaltiger und bewusster Lebensstil wichtig. Sie findet, dass mit selbst hergestelltem Handstrick der schnelllebigen Modewelt etwas entgegengesetzt werden kann, das ganz nebenbei auch noch verdammt viel Spaß macht. Fasziniert von den Techniken, die ein Kleidungsstück nach und nach in den eigenen Händen wachsen lassen, strickt sie am liebsten mit Naturfasern.

Seit 2021 veröffentlicht sie unter dem Label @st.effiestudio eigene Strickanleitungen. Ihr Ziel ist es, moderne, zeitlose aber gleichzeitig einmalige Stücke zu entwerfen, die sich für den Alltag eignen. Sie lebt mit ihrer Familie nahe Zürich.

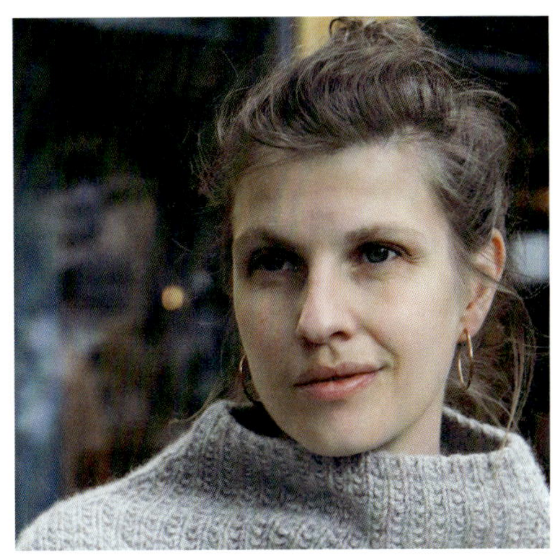

DANK

Der größte Dank gebührt meinem Mann, Jan, ohne den es weder mein Label noch dieses Buch geben würde.

Ohne seine Unterstützung könnte ich der Strickleidenschaft nicht nachgehen. Er ist Motivator, Teilzeit-Koch, leidenschaftlicher Geschichtenvorleser, Mützen-Kurier, kritisches Auge, mein größter Fan und die Liebe meines Lebens.

Meine Kinder, gerade weil sie noch sehr klein sind, waren essentiell für das Gelingen des Buchs. Ohne ihre Köpfe und das Ertragen, die Mützen auch bei 30 Grad Außentemperatur anzuprobieren, damit ich die Passform prüfen kann, wäre das Buch weniger gut geworden. Ihr zwei seid die Besten und ich liebe euch bis zum Mond und wieder zurück.

Ich möchte außerdem Judith Wiedemann, der Lektorin des Buchs, danken, für die Freiheit, die ich bei den Designs und der Garnwahl hatte. Für die Freiheiten während des Entstehungsprozesses und die Hilfe und das Lektorat vor dem Druck.

Letztlich möchte ich den Garn-Herstellern danken, die Garn für dieses Buch zur Verfügung gestellt haben. In alphabetischer Reihenfolge: Buttinette, Lamana, Lana Grossa, Pascuali, Rosy Green Wool und Plus H (Sandnes Garn). Die restlichen verwendeten Garne im Buch wurden von der Autorin selbst gekauft.

IMPRESSUM

Bibliografische Information der Deutschen Bibliothek.
Die Deutsche Bibliothek verzeichnet diese Publikation in der Deutschen Nationalbibliografie.
Detaillierte bibliografische Daten sind im Internet über http://www.dnb.de/abrufbar.

EIN BUCH DER EDITION MICHAEL FISCHER

1. Auflage 2023

Layout: Meritt Hettwer und Vinzenz Dürr
Covergestaltung und Satz: Vinzenz Dürr
Bilder: © Patrick Wittmann, München
Redaktion und Lektorat: Judith Wiedemann

ISBN 978-3-7459-1790-1

Gedruckt bei Polygraf: Gedruckt bei Polygraf Print, Čapajevova 44, 08001 Prešov, Slowakei